Auf mich kannst du zählen!
12 Gleichnisse aus unserer Zeit

Stephan Sigg

Auf mich kannst du zählen! 12 Gleichnisse aus unserer Zeit

Gabriel

Inhalt

Vorwort 6

1 Fünfzig Euro 9

2 Das Gespräch mit Jimmy 27

3 Die letzte Chance 45

4 Echte Freunde 61

5 Unangenehme Neuigkeiten 78

6 Eine riesige Katastrophe 98

7 Zum Siegen dabei 114

8 Volle Einkaufstüten 132

9 Eine Menge Ideen 148

10 Knapp verpasst 167

11 Sechs Tage, sieben Nächte 184

12 Nicht erreichbar 201

Vorwort

Zum Haareraufen: Da legt man sich beim Ferienjob total ins Zeug, schuftet von früh bis spät für ein paar wenige Euros und dann bekommt ein anderer, der weniger lang gearbeitet und keinen Finger krumm gemacht hat, gleich viel Geld. Absolut unfair – das kann doch nicht sein!

Diese und viele andere Alltagssituationen sind in den folgenden zwölf Kurzgeschichten zu finden. Sie sind alle von Gleichnissen inspiriert, die Jesus den Menschen erzählt hat. Er wollte damit deutlich machen, wie man im Leben glücklich wird: dass man auf Gottes Gerechtigkeit und Hilfe vertrauen kann, auch wenn sie nicht mit der menschlichen Logik übereinstimmt.

Uralte Geschichten, wirst du vielleicht denken, was soll mir das heute noch sagen?

Doch die Gleichnisse von Jesus geben auch dir wertvolle Tipps für deinen Alltag. Deshalb habe ich ein »Update« von zwölf biblischen Gleichnissen gemacht und sie in die Gegenwart übertragen. Denn die Gleichnisse sind hochaktuell. Die geschilderten Situationen, Probleme, Ereignisse und positiven wie negativen Überraschungen in der Schule, in der Freizeit, mit der Familie oder Freunden kommen dir sicher sehr bekannt vor. Vielleicht hast du manche von ihnen sogar selbst schon erlebt ... Fast täglich werden wir im Alltag mit der Botschaft der Gleichnisse konfrontiert – aber dies meistens total unerwartet, deshalb Augen auf!

Gleichnisse fordern uns heraus. Viele erscheinen uns sehr einleuchtend, andere beinhalten unerwartete Wendungen und Endungen. Manche Gleichnisse sind Knacknüsse und sorgen für Kopfzerbrechen. Doch das ist beabsichtigt: Gleichnisse sind keine Geschichten, die man sofort wieder zur Seite legt. Man soll sich das ganze Leben mit ihnen auseinandersetzen. Sie sind eine Einladung, selbst nachzudenken, wie es weitergehen könnte.

Ich wünsche euch viel Spaß beim Lesen und beim (Neu-)Entdecken der Gleichnisse!

Stephan Sigg

1 | 12

Fünfzig Euro

Das war ja ein einziger Albtraum! Rahel stellte ihr Bike in den Fahrradständer und schloss es ab. Heute Morgen war sie wieder mal kaum aus den Federn gekommen. Wenn ihre Mutter sie nicht wach gerüttelt hätte, würde sie noch immer im Bett liegen. Alle anderen aus ihrer Klasse konnten das auch ohne schlechtes Gewissen. Es waren Schulferien – ausschlafen, tun, was man wollte, einfach das Leben genießen –, nur für sie nicht. Jetzt war es kurz vor acht und der Himmel strahlend blau. Es würde wieder einer dieser idyllischen Postkartenmotiv-Tage werden. Letzte Woche hatte es nonstop geregnet. Sie hatte schon kaum mehr gewusst, was sie mit ihrer Zeit anfangen sollte. Mehr als zweimal in der Woche shoppen konnte sie sich auch nicht leisten. Und irgendwann hatte sie auch genug von den DVD-Nachmittagen und -Abenden mit Laura. Aber nun, wo sie arbeiten musste, war es natürlich auf einmal richtig Sommer geworden. Während sie sich von morgens bis abends im Supermarkt abrackerte, waren alle ihre Freundinnen und Freunde im Freibad und genossen das Traumwetter in vollen Zügen. Sie dachte am besten gar nicht zu viel darüber nach. Allein die Vorstellung, wie sich die anderen heute wieder amüsieren würden, konnte sie rasend machen. Zum Glück hatte sie nicht schon im Voraus gewusst, wie öde die Arbeit war. Sonst hätte sie diesen Ferienjob nie angenommen. Jetzt war erst Tag drei von insgesamt zwei Wochen. Wie sie den Rest wohl überlebte? Sie zog die Stöpsel ihres MP3-Players aus den Ohren. Gestern hatte sie deswegen von ihrem Chef einen Anschiss bekommen. Er hatte ihr verboten, während der Arbeit Musik zu hören. Dabei redete eh niemand mit ihr! Sie war ja von morgens früh bis abends spät damit beschäftigt, die Regale einzuräumen. Warum sollte sie da keine Musik hören können? Der sollte sich besser mal um sein Bäuchlein kümmern und weniger futtern. So wie der Kittel bei ihm vorne spannte, wäre es keine Überraschung, wenn demnächst die Knöpfe aufsprangen.

In der Garderobe schlüpfte sie in ihren grünen Kittel. Auch diese Klamotten waren die reinste Schikane! Sie konnte bloß hoffen, dass niemand, den sie kannte, in den Supermarkt kam. In dieser grünen Kluft sah sie bestimmt wie ein Marsmensch aus.

»Du machst ja ein Gesicht!«, zog Tina sie auf. Tina war drei Jahre älter als sie und arbeitete fest im Supermarkt. Meistens saß sie an der Kasse. Mit ihr verstand sich Rahel noch am besten. Sie hatten die letzten Tage die Mittagspause immer miteinander verbracht. Leider war die zu kurz, um sich näher kennenzulernen. »Heute soll es dreißig Grad heiß werden«, meinte Tina, »da geht eh niemand einkaufen. Wird also ein langweiliger Tag werden.«

Dreißig Grad? Rahel wollte diese Information so schnell wie möglich aus ihrem Kopf verbannen. Das wäre ja wirklich das ideale Wetter, um den ganzen Tag im Freibad zu verbringen. Sie knöpfte ihren Kittel zu. Und hier im Supermarkt herrschten dank Klimaanlage winterliche Temperaturen. Gestern Abend war ihre Nase gelaufen. Es würde sie nicht überraschen, wenn sie wegen dieser Kälte einen Schnupfen bekam – und das, während sich die anderen wegen eines Sonnenbrands Sorgen machten!

Als Erstes waren heute die Konservendosen an der Reihe. Rahel räumte Dose für Dose in die passenden Gestelle. Zuoberst die Ravioli-Dosen. Das Leben war einfach fies: Laura musste nur einmal mit den Fingern schnippen und schon steckten ihr die Eltern ein paar Scheine zu. Auch die Kosten für den Wochenendtrip nach Hamburg übernahmen sie. Die Reise war für das erste freie Wochenende nach ihrem Ferienjob geplant. Rahel musste sie selber finanzieren. Ihre Schulferien wären lang genug, da könnte sie leicht einen Ferienjob unterbringen. Dann würde sie sich wenigstens nicht langweilen, meinten ihre Eltern.

In ihrer Jeans vibrierte es. Sie sah sich um. Vom Chef weit und breit keine Spur. Das Handy hätte sie eigentlich im Spind lassen sollen, aber ohne ihr Mobiltelefon kam sie sich wie amputiert vor. Ein bisschen Ablenkung musste einfach sein. Eine SMS von Laura. ALLES KLAR BEI DIR? HAB AM SEE GERADE CHRISTIAN GETROFFEN. DETAILS GIBT'S HEUTE ABEND. Wieder mal typisch! Appetit machen konnte sie, aber die Fakten wurden unter Verschluss gehalten. Warum musste es auch gerade der Supermarkt sein? Zwei Wochen in einer Boutique zu stehen, das wäre kein Problem gewesen. Oder in einem CD-Shop. Da hätte sie sich den ganzen Tag tollen Sound reinziehen und sich nett mit den anderen Angestellten über die neusten Songs unterhalten können. Die ganze Misere hatte sie ihrem Vater zu verdanken. Über den Kumpel von einem Kumpel hatte er gehört, dass hier noch jemand gesucht wurde. Er hatte ihr eingeredet, dass das eine super Sache war. Sie hätte gleich Nein sagen sollen! Denn ehe sie sich's versah, hatte sie diesen bescheuerten Kittel getragen und hatte zwischen Konserven und Flaschen gestanden. Es war der erste Ferienjob

in ihrem Leben, irgendwie hatte sie sich das abwechslungsreicher vorgestellt. Sie zwang sich zu
einer weiteren Runde »Denk an die Zeit danach«. Damit hatte sie gestern angefangen: Sich
einfach in allen Farben ausmalen, was sie mit
dem Geld, das sie hier verdiente, alles anstellen
würde. Zugreise nach Hamburg und zurück, vier
Übernachtungen, einmal ausgiebig Klamotten
shoppen, ein paar neue CDs, vielleicht das Parfüm, für das im Fernsehen zurzeit immer Werbung gemacht wurde, und dann …

»Darf ich dir Nico vorstellen?« Rahel fuhr
herum. Ihr Chef hatte die doofe Angewohnheit,
jeweils ohne ein einziges Geräusch aus dem
Nichts aufzutauchen. Neben ihm stand ein Typ in
ihrem Alter. Er trug den gleichen grünen Kittel,
auf dem Kopf eine schwarze Baseballmütze. Ein
paar Pickel auf seiner Stirn. Er war einen Kopf
größer als sie. »Nico wird dir heute Nachmittag
helfen.« Rahel seufzte. Der Chef hörte sich ja fast
so an, als wäre sie mit dem Job überfordert.
»Dann mal an die Arbeit!«, rief er und klopfte
Nico aufmunternd auf die Schulter. »Er hätte eigentlich schon heute Morgen da sein sollen, aber
er hat verschlafen.« Rahel hätte beinahe aufge-
lacht. So viele Stunden zu verschlafen, das war
wirklich eine Leistung!

Eine Weile arbeiteten sie nebeneinander, ohne
ein Wort zu wechseln. Rahel räumte die Dosen

aus dem Einkaufswagen ins Regal. Nico machte es ihr nach.

»Du tust das schon lange?«, durchbrach Nico das Schweigen.

Rahel verdrehte die Augen. »Schon viel zu lange.«

»Was treibst du sonst so?«

Rahel blieb einsilbig: »Schule.« Der Typ schien nicht zu kapieren, dass er bei ihr nicht punkten konnte. Eigentlich hätte sie sich schon mit ihm unterhalten wollen – das hätte etwas mehr Kick in diese doofe Arbeit gebracht, aber sie war schlecht drauf. Und das sollten die anderen hier im Geschäft ruhig mitkriegen. Der Chef hätte sie echt für ein paar Stunden an die Kasse sitzen lassen können. Das hätte sie schon gut hingekriegt und dann wäre alles viel abwechslungsreicher gewesen.

»Brauchst du Hilfe?«, quatschte Nico eine Frau an, die gerade den Text auf der Rückseite einer Tütensuppe studierte. Sie lächelte schüchtern. Nico ließ sie gar nicht zu Wort kommen: »Soll ich dir eine richtig leckere Sorte empfehlen?« Er bückte sich und zog zwei gelbe Tüten hervor. »Die musst du probieren!« Rahel verdrehte die Augen. Wurde der Typ dafür bezahlt, dass er mit anderen rumflirtete? Natürlich war der Chef gerade jetzt nicht in der Nähe. Die Kundin konnte mit Nicos Empfehlungen nichts anfangen. Sie schob ihren Einkaufswagen weiter. Nico heftete sich an ihre Fersen. »Das kannst du nicht bringen, diese Empfehlung kam von Herzen«, schmeichelte er ihr.

Wenn Laura jetzt da gewesen wäre, hätte Rahel sich mit ihr kaputtgelacht. Der Typ war einfach peinlich.

Endlich sechs. Sie spürte ihre Beine nicht mehr, alles tat ihr weh. Ihre Oberarme waren wie Gummi. Sie wartete in der Garderobe auf den Chef. Sie hatten eine tägliche Lohnauszahlung vereinbart. Sie fand das motivierender. So wusste man wenigstens am Abend, wofür man sich abgerackert hatte.

Sie warf einen Blick auf die Uhr. Laura hatte versprochen, sie abzuholen. Wahrscheinlich wartete sie beim Mitarbeiterausgang. Wenn sie schon den ganzen Tag im Supermarkt die Sklavin spielte und abends nicht lange wegbleiben konnte, wollten sie jetzt wenigstens kurz was trinken gehen.

Nico kam in die Garderobe. Er hängte seinen Kittel in den Spind. Dann öffnete er eine Cola-Dose und leerte sie in schnellen Zügen. Ob er die bezahlt hatte?

»Endlich Feierabend«, seufzte er.

Der hatte gut reden! War hier für ein paar Stunden aufgekreuzt und hatte eine lockere Nummer geschoben.

»Bist du erschöpft?«, meinte sie bissig.

Er schien ihren Zynismus überhört zu haben.

»War heute eine Menge los.«

Rahel war echt froh, dass in diesem Augenblick ihr Chef auftauchte. Sonst hätte sie für nichts mehr garantieren können. Der Chef gab ihr das Geld, sie unterschrieb die Quittung.

»Bis morgen!«, rief Nico ihr hinterher. Sie schnitt eine Grimasse. Sie hätte viel gegeben, wenn der morgige Tag noch meilenweit entfernt gewesen wäre.

»Geschafft!«, war ihr einziger Gedanke, als sie ins Freie trat. Endlich Sonnenlicht, endlich sommerliche Temperaturen. Laura stand draußen im Schatten des einzigen Baumes, der auf dem Parkplatz zu finden war, und tippte eine SMS ein. Wenn sie sich nicht täuschte, war Laura brauner geworden.

»Da kriegst du wirklich den Koller!«, jammerte Rahel, nachdem sie Laura mit zwei Küsschen begrüßt hatte, »ich weiß wirklich nicht, wie ich die nächsten Tage überstehen soll.«

»Denk an unsere Reise, wir fahren zum allerersten Mal ohne Eltern in die Ferien!«, versuchte Laura sie aufzumuntern. »Und vielleicht darfst du mit der Zeit auch noch ein paar anspruchsvollere Dinge machen.«

Rahel verdrehte die Augen.

»Ist das eine Hitze!«, seufzte Laura. Sie rückte

die Träger ihres roten Tops zurecht. Während der Busfahrt berichtete Laura von ihrem Tag. Sie hatte natürlich am Morgen Christian am See getroffen und nachmittags war sie im Garten in der Sonne gelegen. »Er hat mir vorher eine SMS geschrieben«, plapperte Laura aufgeregt, »er will mich bald wiedersehen! Du kannst dir gar nicht vorstellen, wie süß der ist!«

Im Café am Baggersee ergatterten sie gerade noch einen freien Tisch. Laura rückte den Schirmständer zurecht, sodass sie im Schatten saßen. Sie bestellten beide einen großen Fruchteisbecher – Laura mit ihrer obligatorischen Extraportion Sahne.

Rahel streckte ihre Füße. »Mir tut alles weh! Das ist die reinste Sklavenarbeit!«

Laura grinste. »Jetzt übertreibst du ein bisschen, oder?«

Rahel wollte ihr gerade eine Standpauke halten, da rief jemand: »So sieht man sich wieder!«

Rahel fuhr herum. Am Nachbartisch saß Nico. Wie war denn der so schnell hergekommen?

»Mein Kumpel hat mich mit seinem Schlitten abgeholt.« Er grinste Rahel an. »Die arbeitet auch im Supermarkt«, erklärte er seinem Kumpel. Dieser nickte den beiden Mädchen zu.

»Das ist der Typ, von dem ich dir erzählt habe«, raunte Rahel ihrer Freundin zu.

»Wenn ich das gewusst hätte, hätten wir euch mitnehmen können«, meinte Nico.

Rahel schüttelte den Kopf. »Das wäre nicht nötig gewesen, wir kommen auch gut alleine zurecht.« Sie hatte echt Besseres zu tun, als sich in der Freizeit von diesem Angeber rumkutschieren zu lassen.

»Eigentlich ist der Job total öde«, sagte Nico, »aber er ist gut bezahlt und so viel muss man auch nicht tun. Ich meine, für fünfzig Euro kann man das schon machen!« Seine Hand verschwand in der Hosentasche und zog einen Fünfzig-Euro-Schein hervor. »Dafür habe ich heute den ganzen Tag geschuftet!«

Rahel stutzte. »Fünfzig Euro?« Sie runzelte die Stirn. »Du hast fünfzig Euro bekommen?«

Nico nickte. »Hast du ein Problem damit?«

Rahel glaubte, ihren Ohren nicht zu trauen. »Du hast heute nur ein paar Stunden gearbeitet und dafür fünfzig Euro kassiert?«

»Korrekt«, bestätigte er und zog jede Silbe in die Länge.

Auf Rahels Wangen bildeten sich rote Flecken. »So viel habe ich bekommen und ich war den ganzen Tag dort!« Wollte der Typ sie jetzt hochnehmen? »Das glaub ich nicht!«

Nico zuckte mit den Achseln. »Ist aber so, kannst ja den Chef selber fragen.« Er griff nochmals in die Hosentasche. Die Quittung. Er faltete sie auseinander und hielt sie Rahel unter die Nase. Tatsächlich. Sie trug das heutige Datum und als Betrag waren fünfzig Euro angegeben.

»Das ist doch absurd!«, entfuhr es Rahel.

»Er weiß eben, was er an mir hat«, gab Nico den Coolen und zwinkerte Laura zu.

»Du spinnst wohl ...«, setzte Rahel ein.

Laura stupste sie an. »Nicht so laut, die anderen schauen schon.«

Rahel verschränkte die Arme vor der Brust und brummte vor sich hin: »Ich glaube, ich bin hier im falschen Film.«

Sie hatte keine Lust mehr auf Eis. Nico hatte ihr den Appetit verdorben. Und mit Nico und seinem Kumpel als Tischnachbarn hatte sie auch keinen Bock mehr, im Café zu bleiben. Obwohl Laura noch nicht fertig war, zahlten sie und brachen auf.

»Das ist eine Unverschämtheit! Fünfzig Euro! Und ich hab schon um acht Uhr in der Früh angefangen!«, tobte Rahel, während sie in der prallen Sonne auf den Bus warteten. Wo blieb der? Wenn man dringend wegwollte, war er natürlich nicht zur Stelle!

»Jetzt dreh nicht gleich durch«, meinte Laura, »vielleicht stimmt das ja gar nicht und er hat nur übertrieben. Frag zuerst mal bei deinem Chef nach. Es gibt sicher für alles eine Erklärung.« Aber Rahel war überzeugt, dass es die nicht gab.

»Deinen Lohn hat er bis jetzt ja immer korrekt bezahlt?«

Rahel nickte.

Laura zupfte an ihrem Top herum, um etwas Luft zu bekommen. »Wollen wir bei dir noch ein bisschen fernsehen?«

Rahel verneinte. Momentan war ihr die Lust auf alles vergangen. Jetzt wollte sie einfach möglichst weit weg von diesem Möchtegern-Typen sein. Endlich kam der Bus. Er war fast leer. Sie setzten sich in die hinterste Reihe.

»Wenn das stimmt, was Nico gesagt hat, dann schmeiß ich den Job hin!«, drohte Rahel.

Laura sah sie überrascht an. »Aber was wird dann aus Hamburg?«

Ihre Freundin zuckte mit den Schultern. »Keine Ahnung. Aber ich lass mich doch nicht über den Tisch ziehen!«

»Jetzt komm mal wieder runter, du tust ja so, als ob dein Chef ein Verbrecher wäre.«

Rahel verdrehte die Augen. »Wenn du das so cremig findest, dann kannst du ja gerne den Job für mich übernehmen.« Dann schwiegen sie sich an, bis der Bus beim Supermarkt hielt.

»Sorry, ich wollte dir nur helfen«, murmelte Laura, als Rahel das Schloss ihres Bikes aufmachte, »kann schon verstehen, dass dich die Sache mit dem Job nervt. Aber willst du deshalb unseren Hamburg-Trip aufs Spiel setzen? Wir haben uns doch schon so darauf gefreut!« Sie deutete zum Supermarkt hinüber. Weit und breit kein Mensch zu sehen, der Parkplatz war leer. »Und ich glaube wirklich, dass der Typ sich vorhin nur wichtigmachen wollte und den großen Macker spielte. War bestimmt nur die halbe Wahrheit.«

Rahel war davon nicht so richtig überzeugt, aber sie hatte keine Lust, sich jetzt auch noch mit ihrer besten Freundin in die Haare zu geraten. Sie hatten wirklich schon seit Wochen dieser Reise nach Hamburg entgegengefiebert. Wäre echt doof, wenn so kurz davor alles ins Wasser fiele.

»Morgen Abend können wir uns leider nicht sehen«, erklärte Laura, »ich hab ein Date mit Christian.«

Rahel ließ sich ihre Enttäuschung nicht anmerken. Jetzt hatte sie morgen gar kein Highlight, auf das sie sich freuen konnte.

»Er ist ja so süß! Für morgen hat er eine Überraschung vorbereitet!«

Rahel aktivierte die letzten Kraftreserven und zog die Gesichtsmuskeln nach oben. Das Resultat war ein gequältes Lächeln. »Das klingt aber nett.«

Laura nickte und verabschiedete sich mit zwei Wangenküsschen. »Drück mir die Daumen!«

»Du mir auch«, meinte Rahel und stieg auf ihr Bike.

»Und du musst mir morgen gleich schreiben, was im Supermarkt passiert ist.«

Obwohl sie den ganzen Tag gerackert hatte, war sie jetzt plötzlich nicht mehr müde. Es kam ihr so vor, als würde in ihr ein Vulkan brodeln und kurz vor dem Ausbruch stehen. Tausend Gedanken schossen ihr durch den Kopf. Ihr Chef war ein Trottel! Und das war noch das harmloseste Wort, das ihr einfiel. Und Nico war ein fauler Schmarotzer! Am liebsten hätte sie ihren Chef auf der Stelle angerufen und ihm die Meinung gesagt.

Ihre Eltern saßen im Wohnzimmer vor dem Fernseher.

»Da habt ihr mir was Tolles eingebrockt!«, rief Rahel, »bin echt am Überlegen, ob ich da morgen noch hingehe.«

»Du hast für zwei Wochen zugesagt!«, erinnerte sie ihr Vater.

»Ja, und? Aber da hab ich auch noch nicht gewusst, auf was ich mich einlasse.«

»Nur weil einem die Klamotten nicht passen, nimmt man nicht einfach Reißaus. Man muss manchmal halt Kompromisse eingehen.«

»Du hast ja keine Ahnung!«, entfuhr es Rahel. Sie erzählte, was heute passiert war. Doch anstatt ihr recht zu geben oder sie entgeistert anzublicken, blieben ihre Eltern ruhig. Wollten die sie auf den Arm nehmen? Verstanden die nicht, was sie ihnen eben erzählt hatte? Das war doch empörend – wie konnte man da so relaxt bleiben?

Wenn ihr jemand eine solche Geschichte geschildert hätte, dann ...

»Frag erst mal genau nach. Dann sieht bestimmt alles anders aus«, empfahl ihre Mutter. Hatte sie das mit Laura abgesprochen? Es hätte nicht viel gefehlt und Rahel hätte ihre Mutter nachgeäfft.

»Es geht um Gerechtigkeit!«, rief sie aufgebracht.

Ihr Vater lachte. »Ja, Gerechtigkeit. Da bist du aber nicht die Erste, die das merkt.« Er zeigte auf den Fernseher, wo gerade die Nachrichtensprecherin den nächsten Beitrag anmoderierte. »Schau mal, was in der Wirtschaft passiert! Und das sind krassere Geschichten als die Sache mit deinem Kollegen, der doppelt so viel verdient wie du.«

Sie hatte nicht von irgendwelchen Wirtschaftsbossen gesprochen. Die konnten ihr wirklich gestohlen bleiben.

»Er hat recht«, stellte sich ihre Mutter hinter ihren Vater. Das hätte sie sich ja gleich denken können. Am besten hätte sie ihnen nichts erzählt. Die wussten eh immer alles besser als sie. »Jetzt musst du einfach die Zähne zusammenbeißen. Vierzehn Tage sind doch schnell rum«, meinte ihre Mutter, »und dann hast du das Geld, das du brauchst und dazu noch ein paar neue Erfahrungen. Und wenn es wirklich so schlimm war, war es halt dein letzter Einsatz an diesem Ort.«

Am nächsten Tag stand Rahel bereits um halb acht im Supermarkt. Sie hatte kaum geschlafen. Die Sache hatte sie die ganze Nacht beschäftigt. Nico hatte gleich viel Geld gekriegt wie sie! Vielleicht hatte Laura ja recht und Nico hatte ihr wirklich einen Bären aufgebunden, aber warum hätte er das tun sollen? Der Chef war bereits im Lager und kontrollierte die Lieferungen.

»Wie viel Geld hat Nico gestern bekommen?«, fiel Rahel mit der Tür ins Haus.

Er sah sie überrascht an. Sie wiederholte ihre Frage. Er dachte nach: »Fünfzig Euro. Warum?«

Rahel schüttelte den Kopf. »Aber so viel habe ich bekommen und ich habe sicher doppelt so lange gearbeitet!« Das war ja so was von absurd! Sie hätte jetzt große Lust gehabt, aus dem Lager Kleinholz zu machen. Was wurde hier gespielt?

»Du hast deine fünfzig Euro bekommen?«, erkundigte sich der Chef. Rahel nickte. »Wir hatten fünfzig Euro vereinbart«, meinte der Chef, »fünfzig Euro für acht Stunden. Warum regst du dich jetzt auf?«

Rahel war fassungslos. »Weil ... Ich ... Es ist einfach unfair, dass Nico gleich viel bekommt! Obwohl er nur halb so lange gearbeitet und auch die ganze Zeit rumgetrödelt hat.«

Der Chef seufzte. »Nico ist nicht in der gleichen Situation wie du. Er macht das nicht als Ferienjob, weil er Geld für einen Ausflug nach Hamburg braucht.«

»Ich werde wohl selber bestimmen können, wofür ich mein Geld ausgebe!«, fuhr ihm Rahel ins Wort. Langsam hatte sie wirklich genug. Was meinte er denn, wer er war?

»Das habe ich auch nicht gemeint«, erwiderte er, »für Nico ist es auch kein Ferienjob, sondern eine Art Wiedereingliederungsprogramm.« Da ihn Rahel verständnislos ansah, fügte er hinzu: »Er war vorher für längere Zeit in einer psychiatrischen Klinik. Er schleppt einige Probleme mit sich rum.«

»Und was geht mich das an?«

»Nico ist nicht so belastbar wie du. Den könnte man nicht den ganzen Tag arbeiten lassen, dann wäre es mit seiner Konzentration vorbei. Ich weiß, für die anderen wirkt es unfair. Aber einen Grund, um auf einen anderen neidisch zu sein, findet man immer. Fünfzig Euro sind für Nico viel. Der hat keine Eltern, die ihn unterstützen. Er kann froh sein, wenn es sich bald klärt, wie es mit ihm weitergeht. Aber er bemüht sich, so gut er kann. Wenn der fünf Stunden arbeitet, ist das für ihn eine Leistung wie für dich zehn.«

»Aber so kann das doch nicht funktionieren«, wandte Rahel ein.

»Als du dich bei mir wegen des Ferienjobs beworben hast, haben wir darüber gesprochen, wie viel Geld du ungefähr verdienen willst. Mit deinem Tagessatz kommt einiges zusammen. Da kannst du dir neben der Hamburg-Reise noch einiges anderes leisten.« Ihr Chef warf einen Blick auf die Uhr. »Wir sollten uns langsam an die Arbeit machen.«

Rahel rührte sich nicht vom Fleck. Der Chef sah sie auffordernd an. Sollte er nur blöd glotzen!, dachte sie. Sie würde sich nicht so leicht über den Tisch ziehen lassen. Sie musste sich wirklich gut überlegen, ob sie sich heute an die Arbeit machte.

2 | 12

Das Gespräch mit Jimmy

Es goss wie aus Kübeln und das schon, seit der Zug hier angekommen war. Marco hatte in der Bahnhofshalle warten wollen, bis es aufhörte zu regnen, aber mittlerweile war bereits die Frau am Kiosk auf ihn aufmerksam geworden und starrte immer wieder zu ihm herüber, als wäre er ein Alien. Keine Ahnung, was die von ihm dachte. Er sah sicher etwas verwahrlost aus. Wie einer, der für Ärger sorgte. Er konnte sich nicht mehr erinnern, wann er das letzte Mal beim Friseur gewesen war. Besser, er zog Leine, bevor sie auf die Idee kam, die Polizei zu rufen. Solche Damen konnten manchmal auf schräge Ideen kommen. Typisch Kleinstadtbahnhof. In Berlin hätte er tagelang am Bahnhof rumlungern können und niemandem wäre es aufgefallen. Aber dies war nun einmal nicht Berlin. Daran gewöhnte er sich am besten ganz schnell. Obwohl ein Jahr vergangen war, seit er das letzte Mal hier war, war der Anblick wie immer. Als hätte man den Bahnhof bei seiner Abreise schockgefroren und erst jetzt wieder aufgetaut. Er hatte nicht erwartet, dass er heute wieder hier stehen würde. Zwei Mal war er bereits zum Münztelefon gegangen, hatte den Hörer in die Hand genommen, ein paar Augenblicke gezögert und dann aufgelegt, ohne eine Nummer gewählt zu haben. Den Mut brachte er einfach nicht auf. Was hätte er schon sagen sollen? Dass er hier war und sich die Beine in den Bauch stand? Er war froh, dass ihm noch niemand über den Weg gelaufen war, den er kannte. Was hätte er dann gesagt? Die Wahrheit oder sich einfach was Fantastisches aus den Fingern gesogen? Bis jetzt war er zum Glück davon verschont geblieben, jemandem Rede und Antwort stehen zu müssen. Er schulterte seinen Rucksack. Einen kleinen Koffer mit den restlichen Sachen hatte er bei einem Kumpel in Berlin gelassen. Die brauchte er vorerst nicht. Er musste erst mal klären, wie es nun weiterging. Und zwar am besten, indem er jetzt sehr schnell eine Idee aus dem Hut zauberte – das musste in den nächsten Stunden passieren. Er hatte sich schon während der Zugfahrt den Kopf zerbrochen. Aber von welcher Seite er es auch betrachtete: Er hatte keine einzige Perspektive. Ohne Regen hätte er noch etwas mehr Spielraum gehabt. Es war noch nicht richtig Herbst, also noch einigermaßen erträglich, sich im Freien aufzuhalten. Aber bei diesen Wetterverhältnissen konnte er die Parks vergessen.

Er trat ins Freie. Drei Taxis warteten. Er spazierte an ihnen vorbei. Ein konkretes Ziel hatte er nicht. Der Regen prasselte wie Pistolenschüsse auf die Windschutzscheiben. Als würde man hier gerade einen Weltuntergangsfilm drehen. Schon nach wenigen Schritten war Marco klitschnass. Er schimpfte. Regen war das Letzte, was er jetzt noch gebrauchen konnte. Schlimmer hätte es nicht kommen können. Auf der anderen Straßenseite entdeckte er ein kleines Imbiss-Lokal. Dort brannte Licht. Als kein Auto kam, rannte er, so schnell es mit dem schweren Rucksack möglich war, hinüber. Er konnte sich nicht an diesen Imbiss erinnern, hatte es den früher auch schon gegeben? JIMMYS stand in gelben Buchstaben quer über das Schaufenster geschrieben. Doch der Laden war leer, weder am Tresen noch an den beiden kleinen Tischen saß jemand. Die einzige Person war der Imbiss-Mann, der am Tresen lehnte und gelangweilt zu einem kleinen Fernseher hinaufstarrte, der in einer Ecke angebracht war. Es lief gerade ein Fußballspiel. »Bei diesem Scheißwetter setzt niemand einen Fuß vor die Tür«, sagte er, als müsste er sich für sein leeres Lokal entschuldigen. Es roch nach Zigaretten und altem Frittieröl. Marco musste sich beherrschen, dass er nicht hinter die Theke stürmte und alles Essbare in sich hineinstopfte. Nach einem schnellen Blick auf die Angebotstafel bestellte er eine Currywurst. Für mehr reichte das Geld nicht. Nach der Currywurst saß er, was die Finanzen betraf, wirklich endgültig auf dem Trockenen. Er stellte den Rucksack auf den Boden und zog seine Jacke aus. Sogar sein T-Shirt war nass geworden. Er nahm die Imbissbude genauer unter die Lupe: Wo war er gelandet? Sah ziemlich heruntergekommen aus. Die Scheiben waren schon länger nicht mehr geputzt worden. Wahrscheinlich sonst der Zufluchtsort für Alkis oder irgendwelche zwielichtigen Gestalten. Hätte ihn nicht überrascht, wenn hier plötzlich Gangster aufgetaucht wären. Er musste grinsen. Was machte er sich darüber Gedanken? In seiner Situation hätte ihm ein Überfall auch keinen richtigen Schrecken mehr eingejagt.

»Und warum treibst du dich da draußen rum?«, fragte der Mann, nachdem sich Marco gesetzt hatte.

Seine Hände fingerten nervös am Salzstreuer herum. »Von Berlin zurückgekommen.« Er hatte keine Lust auf Small Talk. Er musste dringend über alles nachdenken. Jetzt konnte er es nicht mehr auf einen unbestimmten Zeitpunkt in der Zukunft verschieben.

Doch der Fremde ließ nicht locker. »Viel von der Stadt gesehen?«

Marco lächelte gequält. »Das kann man so sagen.«

Der Typ musterte ihn neugierig. »Wie lange warst du dort?«

»Ein knappes Jahr«, blieb Marco einsilbig. Der Mann brauchte wirklich nicht die ganze Wahrheit zu erfahren.

»Und warum jetzt wieder hier?«

Mann, das war ja fast schon penetrant, wie der ihn ausquetschte. War er hier beim Verhör? Marco zuckte mit den Schultern und dann erklärte er, in der Hoffnung, den Mann damit zum Schweigen zu bringen: »Es war die einzige Möglichkeit. Das Geld hat gerade noch für das Ticket hierher gereicht. Drum bin ich jetzt wieder hier.«

Der Mann legte die Wurst unter die Schneidemaschine und zerstückelte sie. »Wie heißt du?«

Marco nannte seinen Namen.

»Ich bin Jimmy.«

»Hab ich mir schon gedacht.« Er blickte durch das Schaufenster auf die Straße. Das war einfach verkehrt. Es machte keinen Sinn, dass er jetzt hier war. Er müsste in Berlin sein. Warum hatte das alles diesen Lauf genommen?

Während Jimmy die Currywurst zubereitete, ging Marco kurz auf die Toilette. Sie bestand nur aus einer Kabine und sah schmuddelig aus. Aber er war das mittlerweile gewohnt. Die Toilette in seiner letzten Bude war auch nicht attraktiver gewesen. Was seine Eltern jetzt wohl gerade machten? Wahrscheinlich verfolgten sie total konzentriert die Nachrichten. Er riss sich zusammen. Nein, er dachte jetzt besser nicht zu sehr an sie.

Das zog ihn nur runter und machte ihm erst richtig bewusst, wie mies er dran war.

Jimmy stellte die Currywurst vor Marco hin. Der stürzte sich sofort auf sie. Seit heute Morgen hatte er nichts mehr zwischen die Zähne gekriegt. Sie war besser, als er gedacht hatte. Aber vielleicht lag es daran, dass er so ausgehungert war.

»Schmeckt's dir?«, fragte Jimmy grinsend. »Was hast du denn in Berlin gemacht?«

In Marcos Magengegend zog sich etwas zusammen. Besser nicht daran erinnert werden, besser nichts davon erzählen. Doch Jimmy bestand auf einer Antwort.

»Keine gute Geschichte.«

Jimmy riss die Augen auf. »Das klingt aber erst recht interessant!«

Marco schüttelte den Kopf. »Eher tragisch.«

»Was ist passiert?«, hakte Jimmy nach.

»Eben – nichts.« Marco widmete sich ganz seiner Currywurst. Er wollte lieber kein Wort darüber verlieren. Das Ganze war zu unangenehm. Er kam ja selber noch immer nicht richtig damit klar. Aber Jimmy blieb hartnäckig.

»Liefer mir ein paar Stichwörter. Dann kann ich mir etwas darunter vorstellen.«

Marco kaute länger am Wurststück herum, als nötig gewesen wäre, ehe er erklärte: »Geld – viel Geld – Berlin – Musical – Ausbildung – abgebrochen – zweiter Versuch – rausgeworfen – finito.«

Mehr würde er nicht verraten. »Du interessierst dich für Musicals?«, fragte er stattdessen.

Jimmy musste lachen. »Überhaupt nicht mein Ding.«

An diese Reaktion hatte er sich schon lange gewöhnt: Es gab Menschen, die Musicals liebten, und solche, die davon Pickel bekamen. Dieser Typ gehörte wohl zur zweiten Gruppe. »Du hast bloß noch nie ein richtig gutes Musical gesehen!«, widersprach Marco. »Als Schauspieler da mitzumachen, ist echt eine riesige Leistung. Du musst singen, du musst schauspielern und tanzen können, und zwar alles gleichzeitig.« Fast hätte er gesagt: Wart erst, bis du mich auf der Bühne siehst. In den vergangenen Monaten war das sein Standardsatz gewesen, wenn jemand ihn wegen der Musical-Sache schräg angesehen hatte. Aber das war nun hinfällig.

»Du bist Schauspieler?«, fragte Jimmy.

»Musicaldarsteller«, korrigierte ihn Marco, »oder ich hab versucht, einer zu werden, aber dann kam das Fiasko.«

Jetzt verstand Jimmy den Zusammenhang. »Hier wären wir also beim Problem.«

Marco presste die Lippen zusammen. Er hatte eh schon mehr rausgerückt, als er gewollt hatte. Was sollte er diesem fremden Typen die ganze Story auf die Nase binden? Es war alles schon tragisch genug. Nichts, auf das man hätte stolz sein können. Draußen regnete es noch immer. Er sollte sich jetzt besser einen Plan zusammenstellen, was er machte, wenn der Imbiss schloss. Der würde wohl kaum bis morgen früh offen haben? Er musste irgendwohin. Aber wen anrufen? Mit den Freunden von damals hatte er keinen Kontakt mehr. Da konnte er nicht einfach plötzlich wieder vor der Tür stehen und einen auf besten Kumpel machen.

»Warum hat man dich nicht abgeholt?«, wollte Jimmy wissen. Er deutete mit einem Nicken zum Bahnhof hinüber. Der Typ schien genau zu wissen, wo die Wunden lagen.

Marco schnitt eine Grimasse. »Warum wohl? Niemand weiß, dass ich hier bin.«

»Eine Überraschung?«

»So kann man es auch nennen. Aber wohl eher *Bad Surprise*.« Marco machte sich mit einer Serviette den Mund sauber.

»Ach was«, widersprach Jimmy, »die freuen sich bestimmt, dich endlich wiederzusehen.«

Solche Happy-End-Szenen gab es nur im Film. »Du hast ja keine Ahnung!« Marco legte die Plastikgabel in den Becher. Jimmy räumte ihn sofort weg und warf ihn in den Eimer.

Marco lehnte sich zurück. Seine Eltern hatten nicht den blassesten Schimmer. Sie glaubten noch immer, in Berlin würde alles prächtig laufen. Dass eine Produktion, in der er eine wichtige

Rolle verkörperte, in ein paar Wochen Premiere feiern würde. Dass er schon ein Angebot aus London bekommen hätte. Dass er mit einem netten Kumpel in einer tollen, super gelegenen WG lebte. Wie im perfekten Hollywood-Traum eben. So wie man das in jeder Illustrierten nachlesen und auf Hochglanzfotos bewundern konnte. Nur: Nichts davon war wahr. Anfangs hatte er ihnen einfach am Telefon was vorgemacht. Sie waren beeindruckt gewesen, sie hatten sich schon darauf gefreut, bei der Premiere im Publikum sitzen zu dürfen. Mit der Zeit hatte ihn das aber doch zu sehr belastet, sodass er sie nur noch per E-Mail auf dem Laufenden gehalten hatte. Da fiel es leichter, einen auf heile Welt und alles in Butter zu machen. Er hatte schon vorgehabt, ihnen die Wahrheit zu sagen, aber irgendwie war es immer schwieriger geworden. Er konnte ihnen doch nicht einfach plötzlich verklickern, dass er in Wahrheit am Ende war – dass er seine zweite und letzte Chance vermasselt hatte. Dass er das ganze Geld zum Fenster hinausgeworfen hatte und jetzt auf dem Trockenen saß. Nicht einmal das Geld für das WG-Zimmer in einer heruntergekommenen Bruchbude hatte er zuletzt noch aufbringen können.

Jimmy stellte eine Cola-Dose vor Marco hin. Dieser sah ihn überrascht an. »Geht aufs Haus.« Jimmy wischte den Tresen mit einem Lappen.

»Du schämst dich, ihnen zu sagen, dass es mit deiner Karriere nicht so geklappt hat wie erwartet?«

Marco musste laut husten. Wenn es nur das wäre! »Das ist nicht das Problem.« Jimmy sah ihn eindringlich an. Es blieb ihm gar nichts anderes übrig, als weiterzuerzählen: »Sie haben alles bezahlt. Als ich ihnen erzählt habe, dass ich nicht studieren, sondern eine Musical-Ausbildung in Berlin absolvieren will, haben sie mich für verrückt gehalten. Aber ich habe nicht lockergelassen. Irgendwann haben sie eingewilligt. Ich wäre alt genug und müsste selber entscheiden. Sie waren bereit, mich finanziell zu unterstützen – mit dem Geld, dass sie mir sonst für ein Studium gegeben hätten. Natürlich kostet diese Musical-Sache eine Menge. Aber wer die Ausbildung gemacht hat, kommt in die besten Musicalhäuser in ganz Europa rein. Da hast du wirklich eins-a-Chancen! Anfangs lief alles prächtig. Ich bin nach Berlin gefahren, habe die Aufnahmeprüfungen bestanden, eine tolle WG gefunden, die ersten Kurse besucht. War anstrengend, aber hat trotzdem Spaß gemacht. Es war ja genau das, was ich immer gewollt habe.« Marco legte eine Pause ein, da er für das Folgende zuerst die richtigen Worte finden musste. »Ich habe neue Leute kennengelernt, die waren auch wegen irgendeiner Ausbildung in Berlin. Da treiben sich echt spannende

Leute rum. Ich bin öfter mit denen abends um die Häuser gezogen. Es wurde zunehmend krasser, morgens aus den Federn zu kommen. Okay, manchmal war auch der Wecker schuld, so ein altes Scheppergerät, das ich verschlafen habe, aber ich bin wohl einfach immer zu lange weg gewesen. In den Klubs geht es erst nach Mitternacht so richtig los. Da schafft man es nicht mehr, morgens um acht topfit beim Tanzkurs anzutreten. Ja, und nach ein paar Verwarnungen haben die mich dann von der Schule geworfen. Ich habe niemandem was gesagt. Aber es hat gesessen. War 'ne richtige Schockbehandlung. Ich habe eine andere Musical-Schule gesucht, die kostete etwas mehr, aber es ging mir ja nur darum, meine Ausbildung fortzusetzen. Ich bin in eine günstigere Wohnung gezogen, um von dem Geld, das mir meine Eltern gegeben hatten, alles bezahlen zu können. Aber irgendwie habe ich es einfach nicht auf die Reihe gekriegt. Nach kurzer Zeit bin ich wieder regelmäßig abends um die Häuser gezogen. Statt an meiner Kondition zu arbeiten und daheim zu trainieren, bin ich von Party zu Party getingelt. Natürlich hat das auch alles Geld gekostet. An so einem Partyabend gehen schnell mal einige Scheine flöten für die Eintritte, die Getränke und natürlich will man manchmal jemanden einladen. Und coole Klamotten braucht man auch. Da kannst du nicht mit T-Shirts vom Discounter antanzen. Nicht lange und ich bin auch von der zweiten Schule geflogen. Dann habe ich mich halt nur noch auf die Klubs und Partys konzentriert. Was hätte ich sonst auch tun sollen? Eine andere Musical-Schule gab es nicht. Und in einer anderen Stadt von vorne zu beginnen, hätte ich finanziell nicht mehr gepackt.« Marco nahm einen Schluck von seiner Cola. Er blickte ins Leere. Damit hatte er das Ende seines Traums von der großen Karriere im Showbusiness mit wenigen Worten zusammengefasst. Es gab nichts hinzuzufügen. Er schloss die Augen. Die Geschichte hörte sich wirklich an wie ein schlechter Film.

»Warum hast du in Berlin nicht einen Job angenommen?«, fragte Jimmy.

Marco grinste. »Hab ich ja versucht. Aber echt schwierig, was zu finden. Und auf Drecksarbeit hatte ich keine Lust. Bei den meisten Studentenjobs kriegst du eh nur ein paar Euro in der Stunde, das hätte meine Probleme auch nicht gelöst.«

»Und was ist dann passiert?«, fragte Jimmy.

Marco fuhr fort: »Ich hab die Tage im Bett verbracht und nachts war ich unterwegs. Logisch hätte ich mir denken können, dass das irgendwann vorbei ist. Das Geld auf dem Konto wurde immer weniger und weniger. Auf meinen Wunsch haben meine Eltern mir das ganze Geld auf einmal überwiesen. Ich hab ihnen vorgemacht, ich müsste die Schule und die Wohnung auf ein Jahr im Voraus bezahlen. Bei meinen Eltern habe ich mich nicht mehr gemeldet, hab geschrieben, dass ich totalen Stress habe. Und jetzt sitz ich hier. Ohne Kohle, ohne Wohnung ... ach ja, und das Handy ist auch gesperrt worden. Konnte die Rechnungen nicht mehr bezahlen.« Er stockte plötzlich. Er war überrascht, dass er diesem wildfremden Typen so viel von sich preisgegeben hatte.

»Jetzt verstehe ich«, meinte dieser, »wirklich unangenehme Situation. Dann wissen deine Eltern auch nicht, dass du unterwegs zu ihnen bist.« Marco wollte gar nicht daran erinnert werden. Da er nichts sagte, bohrte Jimmy nach: »Du willst doch jetzt zu ihnen?«

»Ich kann mich dort nicht blicken lassen. Das ganze Jahr interessiere ich mich nicht für sie, führe sie an der Nase herum und jetzt soll ich einfach wieder frech an ihrer Tür klingeln.«

»Und warum hat es dich dann heute hierher verschlagen?« Das war eine gute Frage.

»Keine Ahnung«, meinte Marco und das war nicht einmal gelogen, »ich konnte die Miete für das WG-Zimmer nicht mehr bezahlen und deshalb bin ich rausgeflogen. Ich kenne zwar einige Leute in Berlin, aber deren Platz ist auch beschränkt, und so gut bin ich mit ihnen auch nicht befreundet, um sie um Unterstützung bitten zu können. Mir fiel nichts Besseres ein, als mit dem letzten Geld ein Ticket hierher zu kaufen. Hier kenne ich noch einige Leute. Vielleicht kann mir einer meiner alten Freunde helfen.«

»Das war jetzt mal eine gute Idee«, bestätigte Jimmy und erntete dafür einen verständnislosen Blick. »Du gehst jetzt zu deinen Eltern. Das ist deine einzige Chance.«

Jimmy hatte gut reden! Der steckte nicht in seiner Haut. »Das kannst du vergessen. Die würden ...« Er stockte. Was würden sie? Marco zuckte mit den Schultern. »Was weiß ich. Die wissen ja rein gar nichts. Für die würde eine Welt zusammenbrechen. Und sowieso: Die haben mir ihre ganzen Ersparnisse geschenkt, damit ich mir meinen Traum erfüllen kann. Möchte gar nicht wissen, wie lange die dafür gespart haben. Und ich habe es total vergeigt und die ganze Kohle zum Fenster rausgeworfen!«

»Jeder macht mal einen Fehler«, meinte Jimmy, »aber sie sind doch deine Eltern. Sie werden dir trotzdem Unterschlupf geben.«

Diesen Satz hätte ein Schauspieler in einer Telenovela sagen können, aber Marco fand ihn nur kitschig und völlig irreal. Auch Eltern waren Menschen aus Fleisch und Blut und keine Roboter, die zu Hause auf der Couch rumsaßen und nur darauf warteten, dass sie den zurückkehrenden Sohn umarmen konnten. »Vergiss es. Ich muss eine andere Lösung finden.« Langsam hatte er den Verdacht, dass ihm Jimmy einfach nur Honig um den Mund schmieren wollte, damit er bald Leine zog und er den Laden dichtmachen konnte.

»Willst du die Nacht bei dem Wetter im Park verbringen?«

Marco stand auf und trat ans Fenster. Draußen alles beim Alten, keine Wetterbesserung in Sicht.

»Die werden dir doch wohl kaum die Tür vor der Nase zuknallen«, machte Jimmy ihm Mut, »klar, dass sie nicht gerade Luftsprünge vor Freude machen, wenn sie die Wahrheit erfahren. Aber trotz allem bist du ihr Sohn!«

»Ich hab sie angelogen, ihr Vertrauen missbraucht, das ganze Geld sinnlos ausgegeben ...«, zählte Marco auf.

»Sie lieben dich trotzdem«, meinte Jimmy, »auch ich hab in deinem Alter einigen Mist gebaut. Da habe ich mich manchmal auch nicht mehr nach Hause getraut. Ich weiß, wie viel Mut das braucht.« Jimmy sah auf die Uhr. »Ich mach langsam Schluss. Hier wird heute wohl niemand mehr auftauchen.« Er fing an, aufzuräumen. Marco half ihm die Stühle auf den Tresen und die Tische zu stellen.

Jimmy legte seine Hand auf Marcos Schulter. »Ich zahl dir ein Taxi, das fährt dich zu deinen Eltern. Und dann sagst du ihnen die Wahrheit.« Marco nahm seinen Rucksack vom Boden auf. »Sag ihnen, dass es dir leidtut«, schärfte ihm

Jimmy ein, »ich bin mir sicher, sie freuen sich, dass du wieder zurück bist.« Wie einfach sich das in der Theorie anhörte! Er löschte das Licht und öffnete die Tür.

Marco blieb gar nichts anderes übrig, als ins Freie zu treten. Es war noch ein paar Grad kälter geworden. Zu ungemütlich, um längere Zeit im Freien zu verbringen.

Jimmy schloss die Tür ab. »Komm«, rief er Marco zu und rannte durch den prasselnden Regen über die Straße. Marco sprang ihm hinterher. Der Regen war einfach zu heftig, als dass man freiwillig rumgestanden hätte. Außer Atem erreichten die beiden das Vordach zur Bahnhofshalle. Jimmy klopfte ans Fenster des ersten Taxis und erklärte dem Fahrer, wohin er den Jungen bringen sollte. Er steckte ihm einen Schein zu.

»Ich drück dir die Daumen«, sagte er dann zu Marco, »aber das wird schon schiefgehen.« Davon war Marco noch nicht so überzeugt. Er legte den Rucksack auf den Rücksitz und nahm dann auf dem Beifahrersitz Platz. »Und falls es zu krass wird, kannst du bei mir übernachten«, bot Jimmy an. Er erklärte ihm, wo er wohnte. Im Viertel hinter dem Bahnhof. Nicht weit von hier. Dann warf er die Tür zu und sah zu, wie das Taxi auf die Straße einbog.

Marco traute seinen Augen kaum. Im Haus brannte noch Licht. Obwohl es schon so spät war, schienen seine Eltern noch vor dem Fernseher zu sitzen. Das war ja wie in einem dieser Filme, in denen jemand aus heiterem Himmel an der Tür klingelte und das Leben für die Hauptdarsteller eine überraschende Wende nahm. Hätte er sie vorwarnen sollen? Dann hätten sie sich auf die schlaflose Nacht vorbereiten können. Es war still. Nur das Brummen des Taxis. Der Fahrer wollte warten, bis er im Haus verschwunden war, und ihn sonst zu Jimmy bringen. Wenigstens musste er sich wegen heute Nacht keine Sorgen machen. Marco blieb eine Weile auf halbem Weg zwischen Haus und Taxi stehen. Regentropfen fielen ihm ins Gesicht. Komisches Gefühl, nach einem Jahr wieder vor diesem Haus zu stehen. Und dann noch mit diesen Neuigkeiten! Warum war er nicht früher zur Besinnung gekommen? Er hätte sich ja nur ein bisschen beschränken müssen. Dann hätte er Ausbildung und Spaß locker unter einen Hut bringen können. Nur jeden zweiten Abend einen draufmachen, nur halb so viel Geld ausgeben, dann hätte es sicher funktioniert. Okay, hinterher war man immer schlauer. Das war nichts Neues. Er konnte nicht mal jemandem den Schwarzen Peter zuschieben, das hatte er sich alles selber eingebrockt. Seine Eltern hatten ihn zum Bahnhof gebracht, vor einem Jahr, als er nach Berlin aufbrach. Er hatte sich gefühlt, als würde ihm die Welt zu Füßen liegen. Und jetzt stand er hier im Regen wie der letzte Penner. Er ging die drei Treppenstufen hinauf und stand vor der Tür. Er hatte einen Schlüssel, er hätte jetzt einfach öffnen und hineingehen können. Aber das kam ihm nicht richtig vor. Er atmete ein paar Mal tief durch. Dann drückte er auf die Klingel und wartete. Nicht lange und es waren Schritte im Flur zu hören.

»Wer ist da?«, rief sein Vater.

Marco räusperte sich. »Ich bin's.« Die Worte waren kaum hörbar gewesen. Die Tür wurde einen Spalt geöffnet. Sein Vater schielte heraus.

»Marco?«, rief er ungläubig. Sofort war die Tür sperrangelweit offen. »Ich traue meinen Augen nicht! Marco! Wie schön!« Er nahm seinen Sohn in den Arm.

»Wer ist es?«, war die Stimme von Marcos Mutter im Hintergrund zu hören.

»Du wirst es nicht glauben«, rief sein Vater.

»Marco!«, entfuhr es ihr.

Sein Vater führte ihn ins Haus hinein und schloss hinter ihnen die Tür.

44

3 | 12

Die letzte Chance

Heute war das Eis perfekt. Anscheinend hatte es der Hallenmeister extra für sie frisch aufbereitet. Simon gab Gas und schnitt eine scharfe Kurve. Die anderen machten noch Aufwärmübungen. Er konnte kaum erwarten, dass es losging. Heute war so ein Tag, an dem er es einfach nötig hatte, ordentlich Dampf abzulassen. Nach einem ganzen Tag Schule schrien die Muskeln nur so danach, endlich zum Einsatz zu kommen. Die Doppelstunde Mathe am Schluss hatte er kaum mehr absitzen können. Wenn er es richtig überblickte, war bereits die ganze Mannschaft da. Georg, der Trainer, saß auf der Bank und blätterte in seinen Unterlagen. Simon spielte mit seinem Schläger. Chris lehnte sich gegen das Tor. Georg blies in seine Trillerpfeife.

Chris schüttelte den Kopf. »Wir sind noch nicht komplett.«

Georg zählte.

»Julian fehlt«, wusste Chris schon längst.

Georg sah auf die Uhr. Die Trainingsstunde hatte bereits begonnen. Julian war als linker Außenstürmer eingeteilt. Ohne ihn konnten sie nicht beginnen.

»Er ist gerade in die Garderobe, als ich raus bin«, erklärte Juan, »er wird wohl gleich kommen.« Simon war überrascht. Eigentlich hätte er gedacht, dass Julian das Training wieder mal vergessen hatte.

»Julian?«, schrie Georg in Richtung Garderobe. Keine Reaktion. Er zeigte auf Juan. »Gehst du ihn holen? Wir haben heute keine Zeit zu verlieren.«

»Das war ja zu erwarten«, murmelte Simon. Georg sah ihn verständnislos an. »Er hat es noch bei keinem Training ganz auf die Reihe gekriegt. Entweder zu spät, vergessen oder er spielt total mies ...«

»Dies ist das letzte Training vor unserem Spiel«, sagte Georg, als hätte er Simons Bemerkung nicht gehört, »wir sollten die Zeit gut nutzen.«

»Genau«, warf Simon ein, »deshalb ist es am besten, wenn Julian nicht mitmacht.« Alle Köpfe drehten sich überrascht zu ihm. Er wusste selber, dass er sich damit weit aus dem Fenster gelehnt hatte. Aber jemand musste doch mal den Mut haben, Klartext zu reden! Es konnte nicht ewig so weitergehen. »Wenn wir ihn aufstellen, dann geht es eh in die Hose!«

»Mach mal halblang«, fuhr ihn Georg an, »ich bin hier der Trainer und ich sage, was ...«

Doch Simon bekam von Chris Rückendeckung: »Simon hat recht. Julian hat es bis jetzt schon mehrmals geschafft, uns alles zu vermasseln. Beim nächsten Spiel habe ich echt keine Lust auf solche Pleiten.«

Andreas applaudierte. »Ich kann mich dem eigentlich nur anschließen. Dieses Spiel ist unsere Chance. Wir dürfen nichts riskieren. Julian ist einfach unzuverlässig.« Die anderen Jungs der Mannschaft sahen es ähnlich.

»Der Typ ist ein Risiko«, rief der rechte Verteidiger.

Georg blickte überrascht von einem zum anderen. Einige Augenblicke lang schien er nicht zu wissen, wie er weitermachen sollte. »Jetzt mal der Reihe nach! Wenn alle durcheinanderreden, gibt es nur ein Chaos.«

»Sonst bist du auch nicht so soft«, sagte Simon, »wenn wir nicht vollen Einsatz zeigen, dann ...«

Georg nickte. Diesen Satz hatte er ihnen oft genug eingetrichtert. »Jetzt seid nicht so kleinlich! Wenn ich so wäre wie ihr, würde wohl keiner mehr hier stehen. So viele Stunden habe ich schon in euch investiert, da müsstet ihr eigentlich die beste Mannschaft der ersten Liga sein.«

»Sehr komisch«, warf Chris ein, aber Georg sah ihn streng an. »Manchmal dauert es halt länger, bis man die Früchte ernten kann.«

»Was soll denn das heißen?«, rief Andreas.

»Kein Normalsterblicher hat so viele Nerven, wie man mit euch braucht. Und trotzdem komme ich jedes Mal total motiviert zum Training und hoffe, dass ihr Fortschritte macht. Dass ihr beim nächsten Spiel erfolgreich seid und ich stolz auf euch sein kann. Ich will die besten Spieler aufstellen. Und Julian hat nun mal ...«

Simon hätte am liebsten Leine gezogen. Georg war ein guter Trainer, das war unbestritten. Aber was er heute daherplapperte, war Schrott. Damit hätte er sich sogar in einer seichten Talkshow blamiert.

Andreas schien das auch so zu sehen. »Sind wir zum Quatschen oder Hockeyspielen hier?«, meldete er sich zu Wort. »Dann hätte ich genauso gut zu Hause bleiben können.« Einige klatschten zustimmend.

Endlich tauchte Juan mit Julian im Schlepptau auf. »Sorry, sorry«, rief dieser, »der Bus hatte Verspätung.«

Georg half ihm, die Handschuhe überzuziehen. »Wir haben uns gerade über das Spiel am Samstag unterhalten«, klärte er ihn auf, »die Jungs sind wegen dir etwas skeptisch.«

»Was?«, entfuhr es Julian überrascht. Er sah die anderen an. Aber diese wichen seinem Blick aus oder reagierten mit einem Pokerface.

»Du bist am Samstag mit von der Partie?«, wollte Georg von Julian wissen.

Dieser nickte. »Selbstverständlich, sonst wäre ich nicht hier.«

»Deine Mannschaftskollegen haben vorhin klargemacht, dass sie gewinnen wollen. Und das können sie nur, wenn wir uns auf dich verlassen können.«

»Ja«, rief Julian genervt, »ich hab doch gesagt, dass der Bus ...«

Simon fühlte sich bestätigt. »Er kann nicht einmal dazu stehen!«

Julian funkelte ihn wütend an. »Halt doch die Klappe, du hast ja keine Ahnung!«

Bevor Simon Kontra geben konnte, ging Georg dazwischen: »Stopp! Solche Sachen haben auf meinem Eisfeld nichts verloren. Wir haben alles besprochen, was es zu besprechen gibt. Jetzt alle auf ihre Plätze, wir müssen dringend mit dem Training beginnen.«

Sie trainierten etwa fünfundvierzig Minuten. Dann gestand Georg ihnen eine Pause zu. Die meisten verzogen sich in die Garderobe, um etwas zu trinken. Julian fuhr an den Rand, zog seine Schlittschuhe aus und rannte zur Tribüne hinauf. Dort saß Steffi. Wie lange war sie schon da? Niemand hatte sie reinkommen sehen. Julian gab ihr einen Kuss und setzte sich neben sie. Simon und Chris warfen sich vielsagende Blicke zu. Der Typ kannte schon gar nichts! Zuerst zu spät kommen und dann das. Georg schien davon nichts mitzubekommen. Er stand mit Juan am Rand des Spielfelds und lachte. Anscheinend hatte Juan einen seiner bekannten, derben Witze erzählt. »Und?«, fragte Simon.

»Was und?«, erwiderte Chris.

»Wie findest du es heute?«

»Etwas öde«, gestand Chris. Simon ging es genau gleich. Es war das letzte Training vor dem wichtigen Spiel und bis jetzt herrschte eine Stimmung, als hätten sich alle vor dem Training eine Schlaftablette eingeworfen. So konnten sie es abschreiben, gegen die andere Mannschaft zu punkten.

»Weiter geht's, Jungs«, rief Georg und pfiff. Die letzten Spieler kehrten aufs Eis zurück. Nur Julian blieb oben. Georg rief seinen Namen.

»Komme gleich«, gab dieser zurück.

»Sofern er sich nicht totknutscht!«, machte sich Chris lustig. Die Mannschaft grölte.

»Etwas mehr Konzentration!« Georg klang gereizt.

»Das musst du nicht uns sagen«, wäre Simon beinahe rausgerutscht, aber er schluckte es noch rechtzeitig hinunter. Er hätte sich wirklich von Georg erwartet, dass er härter gegen Julians Egonummern durchgriff.

Nun wurde Puck-Schießen geübt. Sie stellten sich in einer Reihe auf, fuhren nacheinander auf das Tor zu und knallten ihren Puck hinein. Der

Trainer kommentierte jeden Schuss. Insgesamt war er gar nicht so unzufrieden. »Aber beim Spiel braucht es mehr Aggression. Der Puck muss richtig knallen – schneller als ein Pistolenschuss.«

»Was ist mit Julian?«, erkundigte sich Simon.

Chris schaute zur Tribüne hinüber. »Noch immer mit Steffi beschäftigt.« Dass der Trainer nichts unternahm! Julian sabotierte ja ihr Training – das konnte man doch nicht einfach so durchgehen lassen.

Zum Schluss des Trainings rief Georg alle zusammen. Er sah jeden Einzelnen der Reihe nach eingehend an. »Denkt darüber nach, was ich euch heute gesagt habe. Wenn wir gewinnen wollen, müssen wir das immer vor Augen haben.« Er drehte sich um und blickte auf die große Uhr an der Wand. Es war kurz vor neunzehn Uhr. »Dann treffen wir uns übermorgen wieder. Und zwar pünktlich!« Sofort drängten alle zum Ausgang der Eisbahn. Simon und Chris warteten ein paar Augenblicke.

»Das muss er nicht *uns* sagen«, raunte Simon seinem Freund zu. Dessen Augen waren auf die Publikumstribüne gerichtet. Julian und seine neue Freundin saßen noch immer in einer der oberen Zuschauerreihen und küssten sich, als müssten sie einen Wettbewerb gewinnen. Sie schienen sich einen Dreck darum zu scheren, von der ganzen Mannschaft beobachtet zu werden.

»Man hätte es filmen und ins Internet stellen sollen«, giftete Chris, »dann hätte sich die ganze Welt über ihn lustig machen können.«

Chris und Simon kurvten zum Rand der Eisbahn und stapften in Richtung Garderobe.

»Der Typ geht mir so auf die Nerven«, sagte Chris, als er seine Handschuhe abstreifte, »jetzt hat er schon wieder das halbe Training verpasst. Der lässt uns andauernd sitzen.«

Grinsend nahm Simon seinen Helm ab. »Gib's zu, du würdest auch gerne mit Steffi hier rumknutschen. Du bist nur eifersüchtig.«

Chris boxte ihn. »Steffi kann mir wirklich gestohlen bleiben.« Er kannte sie nicht mal und sie war überhaupt nicht sein Fall. Sollte Julian mit ihr rumknutschen, so viel er wollte. Ihm ging es nur um die Mannschaft. Übermorgen war ein wichtiges Qualifizierungsspiel. Dort mussten sie perfekt sein, damit sie weiterkamen. Und das funktionierte nur, wenn sie ein eingeschweißtes Team waren und vollen Einsatz zeigten. Die gegnerische Mannschaft aus der Nachbarstadt schien es nämlich echt draufzuhaben. Georg stand vor der Garderobe und kritzelte auf ein Klemmbrett.

»Wirfst du Julian jetzt raus?«

Der Trainer sah Chris überrascht an. »Wie kommst du darauf?«

Chris und Simon tauschten genervte Blicke aus. »Warum wohl? Er kommt andauernd zu spät, zeigt null Einsatz und jetzt knutscht er während des Trainings mit seiner Freundin rum.«

»Und bis jetzt war er auf dem Eisfeld auch noch nicht wirklich das große Talent«, ergänzte Simon.

Ohne dies zu kommentieren, fuhr Georg sie an: »Seid ihr hier der Trainer?«

Die beiden Jungs schüttelten den Kopf. »Dann lasst das mal meine Sorge sein.« Damit ließ er die beiden stehen. Diese sahen sich perplex an.

»Wie ist denn der drauf?«, murmelte Simon.

Chris wedelte mit der flachen Hand vor seinem Gesicht hin und her. »Voll bescheuert. Er muss sich gar nicht wundern, wenn das Spiel in die Hose geht.«

»Was geht in die Hose?« Chris und Simon erschraken. Julian stand hinter ihnen. Von seiner Freundin weit und breit keine Spur. Jetzt, wo das Training zu Ende war, hätte sie sich wirklich nicht mehr verziehen brauchen.

»Ach nichts«, meinte Simon.

Julian sah sie auffordernd an. »Geht ihr nicht duschen?«

»Nachher«, meinte Chris, »ist jetzt eh besetzt.«

Julian zwängte sich zwischen den beiden hindurch. »Ich hab's eilig, Steffi wartet. Bis übermorgen.«

»Bis übermorgen«, äffte Simon ihn nach, als er außer Reichweite war. Würde ihn überraschen, wenn der am Samstag wirklich auftauchte.

Simon und Chris verließen gemeinsam die Garderobe. Sie wollten in die Stadt, um die neusten CDs Probe zu hören. Von den anderen hatten sich schon fast alle vom Acker gemacht. Nur Julians Sachen hatten noch dort gelegen. Anscheinend war der immer noch mit Steffi beschäftigt.

Simon kramte in seiner Sporttasche nach der Wasserflasche. »Das kann ja heiter werden am Samstag«, sagte er. Er bot Chris die Flasche an, aber der hatte keinen Durst. »Ich weiß ganz genau, dass der wieder mal Mist baut. Wir könnten ja eine Wette abschließen, was dieses Mal schiefgeht.«

Da hätten sie sich eine goldene Nase verdienen können. Chris lächelte. »Vielleicht klappt es ja nun doch mal ausnahmsweise.«

Das konnte sich Simon definitiv nicht vorstellen. Eher glaubte er an den Osterhasen. »Der Typ hat schon so viele Chancen bekommen. Aber Georg will es ja nicht anders. Ich verstehe ihn echt nicht. Als Trainer müsste er doch schon gemerkt haben, dass das so nicht geht. Der sollte doch ein Auge dafür haben, ob ein Spieler was taugt oder nicht.« Sonst war er auch nicht so zimperlich, wenn sich jemand querstellte.

An der Bushaltestelle stießen sie auf Andreas. Seine Haare waren nass und standen in alle Richtungen ab. Er war gerade dabei, sich auf dem Handy einen neuen Videoclip von einem deutschen Rapper reinzuziehen. Als die beiden Jungs links und rechts von ihm Platz nahmen, steckte er es weg und bot allen einen Kaugummi an.

Er war ihrer Meinung. »Wenn ich Georg wäre, hätte ich Julian schon längst aus der Mannschaft ausgeschlossen!«, sagte er. »Die letzten beiden Spiele hat er ja auch voll in den Sand gesetzt.«

Simon erinnerte sich nur zu gut: Beim vorletzten Spiel war Julian überhaupt nicht in Form gewesen und hatte sich immer den Puck wegnehmen lassen. Beim letzten Spiel war er nicht einmal aufgetaucht. Als Georg ihn anrief, gab er an, er hätte es vergessen. Zum Glück hatte der Ersatzspieler einen guten Tag gehabt, sonst hätten sie haushoch verloren.

»Wenn der beim nächsten Training wieder solche Extranummern abzieht, dann streiken wir«, sagte Simon, »so jemand können wir einfach nicht in unserer Mannschaft dulden. Der macht uns alles kaputt.«

Ein grauer Golf hielt gegenüber der Bushaltestelle. Hinter dem Steuer saß Julians Vater.

»Wenigstens ist der zuverlässig«, witzelte Simon. Chris lachte laut. Die Hallentür schwang auf und Julian sprintete die Treppe herunter.

»Also bis Samstag!«, rief er den Jungs zu, als er an ihnen vorbeihechtete. »Ich werde euch nicht enttäuschen!«

Ehe Simon was erwidern konnte, war er bereits

ins Auto gesprungen. Sie beobachteten, wie sie davonfuhren.

»Wir sollten langsam Listen anlegen, wie oft er schon solche Versprechungen gemacht hat«, machte sich Simon lustig und Chris ergänzte: »Wahrscheinlich könnte man alleine mit diesen Strichen einen ganzen Notizblock füllen.«

Andreas' Bus tauchte auf. »Ich habe morgen eine Erdkunde-Klausur. Das wird eine lange Nacht.« Er schnitt eine Grimasse und stieg ein.

Der Bus von Simon und Chris schien Verspätung zu haben. Ein blauer Mercedes blieb vor ihnen stehen. Das Fenster auf der Beifahrerseite wurde heruntergelassen.

»Steigt ein«, rief Georg, »ich bringe euch in die Stadt.« Das ließen sich die beiden nicht zweimal sagen. »Ich kann doch nicht riskieren, dass sich meine beiden besten Pferde eine Erkältung holen.«

»Haha«, meinte Simon. Georg hatte auch schon bessere Witze gemacht.

Das Wetter hätte trüber nicht sein können. Es regnete seit gestern Abend nonstop und dazu ging ein starker Wind. Unter diesen Voraussetzungen war mit einer vollen Publikumstribüne zu rechnen. Simon war der Erste. Die Halle war noch fast leer, beim Kiosk wurde gerade der Rollladen hinaufgekurbelt, in der Garderobe war noch kein

Mensch. Auch von der anderen Mannschaft war weit und breit keine Spur. Simon deponierte seine Sachen in der Garderobe und setzte sich auf einen Sitz in der Zuschauertribühne. Das tat er vor jedem wichtigen Spiel. Das war schon fast ein Ritual. Der Hallenwart stellte die Tore auf. Simon war in bester Form. Er schloss die Augen und stellte sich die Situation auf dem Spielfeld vor. Er würde von Anfang an alles geben, er würde mit dem Schläger den Puck gleich in den ersten Minuten ins Tor führen. Das würde seine Mannschaft motivieren und die Gegner erschrecken. Er würde denen das Maul stopfen!

»Schon nervös?« Simon fuhr zusammen. Georg hatte neben ihm Platz genommen. Er nippte an einem Kaffeebecher.

»War etwas zu früh dran«, murmelte Simon, »ist schon jemand da?«

»Andreas und Chris sind gerade reingekommen und in der Garderobe waren auch schon Stimmen zu hören.«

Simon erhob sich. »Dann sollte ich mich auch langsam umziehen gehen.«

»Keep cool«, beruhigte ihn Georg, »wenn jemand einen Grund hat, nervös zu sein, dann bin ich es. Wenn ihr da auf dem Spielfeld steht, kann ich nichts mehr unternehmen. Nur noch hoffen, dass ihr das macht, was ich euch eingetrichtert habe.«

Simon schnitt eine Grimasse. »Wirklich beruhigend, das zu wissen.«

»Was für ein Gefühl hast du?«

Simon zuckte mit den Achseln. »Okay. Aber es gibt halt einen Faktor, den man nicht voraussehen kann.« Er musste nicht aussprechen, wen er damit meinte.

»Er weiß, dass es seine letzte Chance ist«, sagte Georg, »würde mich überraschen, wenn er es in den Sand setzt.«

»An deiner Stelle hätte ich den schon vor Wochen rausgeworfen, der macht doch nur Ärger.«

»Ich bin doch nicht von der Polizei und ahnde jedes Vergehen«, wehrte sich Georg.

Simon spürte, dass er schon wieder kurz davor war, richtig sauer zu werden. »Es geht ums Prinzip.«

»Und was ist das Prinzip?«

Das konnte er jetzt auch nicht genau sagen. »Dass man sich an Abmachungen hält.«

Georg seufzte. »Klingt nicht schlecht. Und warum soll man sich an Abmachungen halten?«

»Weil es um die Mannschaft geht«, gab Simon pampig zur Antwort. Wollte der Typ ihn ärgern?

»Wenn jemand für die Mannschaft zur Belastung wird, soll er gehen, da gebe ich dir recht. War es mit Julian bisher schon so?«

»Er hat sich immer quergestellt.«

Georg widersprach ihm sofort: »Ihr habt euch von ihm provozieren lassen.«

»Ist ja alles schön und recht. Aber was, wenn er heute nicht auftaucht?«

»Dann gibt es immer noch Ersatzspieler.« Georg verriet, dass er gestern noch mit Julian telefoniert hatte. »Ich hab ihm deutlich gemacht, dass dies die letzte Chance ist. Wenn es heute nicht klappt mit ihm, kann er nicht im Team bleiben.«

»Und du meinst, das nützt was?«

»Das liegt nicht in meiner Macht und geht mich auch nichts an. Aber ich war so fair und hab ihm ganz klar eine letzte Chance gegeben.« Das klang vernünftig. »Er weiß jetzt, woran er ist.«

Jemand winkte ihnen von unten zu. »Hallo!« Es war Julian. »Sind die anderen schon in der Garderobe?«, rief er nach oben.

Simon und Georg warfen sich vielsagende Blicke zu.

»Bis später«, rief Julian und marschierte in Richtung Umkleide.

»Ich denke, das ist ein gutes Zeichen«, sagte Georg.

»Das hätte ich echt nicht gedacht«, sagte Simon.

»Siehst du!«

Simon blieb skeptisch. »Das Spiel ist noch nicht gewonnen.«

»Sei ein bisschen positiver, sonst wird es wirk-

lich nichts. Julian wird alles geben. Steffi ist nämlich als Zuschauerin dabei«, wusste er, »und da
wird er alles dransetzen, damit wir das Spiel gewinnen.« Das klang gar nicht so unrealistisch.
»Ich hab ein gutes Gefühl«, sagte Georg. So was
plapperte der vor jedem Spiel. Typische Trainer-
Taktik.

»Dann wollen wir ihm mal die letzte Chance
geben«, gab sich Simon einen Ruck, »ich bin gespannt, wie es ausgeht.«

Georg nickte zufrieden. »Jetzt aber schnell in
die Garderobe! Nicht, dass du zu Spielbeginn
noch nicht fertig bist!«

4 | 12

Echte Freunde

»Brauchst du noch lange?« Franziskas Schwester
klopfte nervös an die Tür.

Als Antwort erntete sie ein genervtes »Ja«.
Franziska war gereizt. Ihre Schwester konnte
doch wirklich die Toilette im ersten Stock benut-
zen. Franziska saß auf dem Toilettendeckel und
ließ das Handy in ihren Händen kreisen. Joel
hatte noch immer nicht angerufen. Langsam
wurde sie ungeduldig. Seit heute Morgen hatte
sie nichts von ihm gehört. Und die letzte Nachricht war auch nur eine kurze Antwort gewesen:
DANKE, GUT UND DU? SEE YOU :-) Er hatte
ihre SMS doch bekommen? Sie sprach nochmals
eine Nachricht auf seine Mailbox: »Hey, ich bin's.
Ich vermisse dich. Wo steckst du? Melde dich!«
Sie steckte das Handy in ihre Hosentasche und
betätigte die Toilettenspülung. Wenn sie noch
länger hierblieb, fingen die anderen bloß an, sich
Gedanken zu machen. Bevor sie zu ihnen zurück-
ging, begutachtete sie sich im Spiegel. Die Un-
ruhe war ihr nicht anzusehen. Trotzdem wäre sie
am liebsten den ganzen Nachmittag auf der Toi-

lette geblieben. Da hatte sie ihre Ruhe und musste sich nicht das doofe Gelaber anhören. Sie kehrte ins Esszimmer zurück. Die anderen schienen ihre Abwesenheit gar nicht registriert zu haben.

»Und du hast nur verdattert aus der Wäsche geguckt«, stieß ihre Schwester hervor und hielt sich die Hand vor den Mund. Die anderen plumpsten vor lauter Gelächter beinahe vom Stuhl. Sie saßen zu fünft am Tisch: Franziska, ihre Schwester, und deren drei Freundinnen. Franziska schnitt eine Grimasse. Sie war heute nicht in Gute-Laune-Stimmung und diese überdrehte Geburtstags-Fete ging ihr auf die Nerven.

Sie hatte die Freundinnen ihrer Schwester schon immer etwas merkwürdig gefunden, irgendwie überhaupt nicht ihr Fall. Und nicht nur, weil sie drei Jahre älter waren. Jenny war die Älteste. Sie hatte vor Kurzem den Führerschein gemacht. Ihre Schwester kannte sie seit dem Kindergarten. Angela sogar noch länger, die hatten schon als Babys miteinander gespielt. Michelle hatte sie auf dem Gymnasium kennengelernt und seither waren sie unzertrennlich. Anscheinend hatte Michelle seit einem Jahr einen festen Freund. Die ganze Szenerie war einfach viel zu überzuckert. Franziska fühlte sich wirklich fehl am Platz. Ihre Mutter konnte sich wenigstens in die Küche verziehen. Franziska war dazu verdammt, am Tisch zu sitzen und einen auf gut gelaunt zu machen. Klar, sie wollte ihrer Schwester nicht den Geburtstag verderben, aber warum konnte die Party nicht schon zu Ende sein? Party? Als Party konnte man diese Kaffeeveranstaltung wirklich nicht bezeichnen. Wenn ihre Schwester nicht darauf bestanden hätte, wäre Franziska jetzt meilenweit weg.

Sollte sie Joel mal anrufen? Nein, sie zwang sich, noch ein bisschen zu warten. Sie wollte nicht die penetrante Tussi sein, die ihm nonstop hinterherlief. So was kam nie gut an. Mit ihrem Handy war alles in Ordnung. Sie hatte erst vor einer halben Stunde eine SMS von Morena bekommen. Ein witziger Spruch, den sie gleich an zehn andere Leute weitergeleitet hatte.

»Ist der schön!«, bestaunte ihre Schwester den Geburtstagskuchen.

»Wie vom Konditor«, schwärmte Michelle.

Alle gaben ihr recht. Franziska saß wie auf Kohlen. Er hätte auch nur eine ganz kurze Message schicken können, das hätte ihr schon gereicht.

»Du kannst anfangen«, meinte ihre Mutter.

»Aber du musst dir was wünschen!«, erinnerte Jenny.

Franziskas Schwester nickte. Sie holte tief Luft und pustete dann alle zwanzig Kerzen auf dem Geburtstagskuchen mit einem einzigen Atemzug aus. Sie blickte stolz in die Runde. Alle applaudierten. Ihre Mutter schoss gleich ein paar Fotos hintereinander. Franziska war es ein Rätsel, dass ihre Schwester so gut gelaunt war. Sie hatte ihr heute Morgen beim Frühstück erzählt, dass sie zu ihrem zwanzigsten Geburtstag alle Freundinnen eingeladen hatte. Doch es waren nur drei auf der Bildfläche erschienen. Franziska kam das irgendwie deprimierend vor. Wenn sie eine Party schmiss, war das Haus immer voll. Unter zehn Leuten ging schon mal nichts. Sie hatte viele Freundinnen und fast genauso viele Freunde. Im Gegenteil: Manchmal waren es fast zu viele. War nicht immer einfach, alles unter einen Hut zu kriegen. Im Gegensatz zu ihr schien ihre Schwester in der Schule nicht so beliebt zu sein. Franziska und sie besuchten nicht das gleiche Gymnasium, deshalb konnte sie nur Vermutungen anstellen. Aber dass sie sich schon seit Jahren immer mit den gleichen Leuten rumtrieb, sprach doch für sich. Franziska hingegen lernte andauernd neue Leute kennen. Das ging ganz leicht: Nach jeder Party konnte sie wieder zwei oder drei neue Nummern in ihrem Handy abspeichern. Sie fand es spannend, neue Leute kennenzulernen. Für die meisten würde sie zwar nicht die Hand ins Feuer legen, aber das musste auch nicht unbedingt sein. Sie wollte Leute um sich, mit denen sie aufregende Dinge erleben konnte. Auch Joel war ihr auf einer Party zum ersten Mal über den Weg gelaufen. Vor drei Wochen. Und heute Abend würden sie gemeinsam auf eine Party gehen – eine Premiere! Sie spielte auf dem Tisch mit ihrem Handy herum. Sie konnte es kaum erwarten, bis es abends war. Aber zuerst musste sie diesen Geburtstag überstehen und dann musste geklärt werden, ob Joel sie oder sie Joel abholte oder ob sie sich an einem Treffpunkt verabredeten.

Während ihre Schwester den Geburtstagskuchen anschnitt und jedem ein Stück auf den Teller hob, tippte Franziska eine SMS ein. ICH VERMISSE DICH SO!!! DEINE F. Echt schade, dass Joel nicht hier sein konnte. Dann hätte ihr es gleich besser gefallen. Sie war jetzt schon zwei Wochen mit ihm zusammen. Es fühlte sich einfach so schön an. Was er wohl gerade machte? Er hatte gesagt, dass er einem Kumpel helfen musste, dessen Moped zu reparieren.

»Ein ganz gewöhnlicher Schokoladenkuchen, ich hoffe, er schmeckt allen?«

»Weißt du noch, vor zwei Jahren?«, rief Michelle. »Da hast du doch ein neues Kuchenrezept ausprobiert und der war innen noch nicht ganz durch.« Alle vier prusteten los.

»Du bist so gemein!«, maulte ihre Schwester. Aber sie klang dabei ziemlich vergnügt.

Franziska seufzte. Was sollte daran so lustig sein? Dass die sich überhaupt noch daran erinnerten. Zwei Jahre waren ja eine halbe Ewigkeit. Erlebten die so selten etwas Witziges? Ihre Freundinnen und sie wären nicht einmal im Traum auf die Idee gekommen, über Rezepte zu quatschen. Sie sprachen über wirklich spannende Dinge: aktuellen Klatsch, neue Stylingtipps und Jungs. Um Ereignisse, die vor zwei Jahren passiert waren, kümmerte sich doch niemand mehr.

»Dieses Mal habe ich den Kuchen gebacken!«, rief ihre Mutter aus der Küche. Tosender Beifall von den vier Mädchen. Franziska kontrollierte immer wieder, ob eine SMS gekommen war. Aber das hätte sie sowieso hören müssen, so laut wie sie den Klingelton eingeschaltet hatte.

»Schmeckt's?«, fragte ihre Schwester.

Franziska hatte den Kuchen noch gar nicht angerührt. Jetzt blickten alle zu ihr. Franziska fühlte sich wie auf dem Präsentierteller.

»Keinen Hunger?«, erkundigte sich Michelle.

»Im Moment gerade nicht.« Sie war froh, dass das Interesse sofort wieder auf ihre Schwester gelenkt wurde. Irgendwie kriegte sie keinen Bissen runter. Es war doch alles okay mit Joel? Wahrscheinlich hatte er nur wieder mal sein Handy irgendwo liegen lassen. Sie musste grinsen. Manchmal war er echt ein Tollpatsch.

Ihre Schwester packte die Geschenke aus. Das musste ihr Franziska zugestehen: Die Freundinnen hatten sich ein paar tolle Dinge einfallen lassen. Michelle hatte eine riesige Schachtel mit allen möglichen Süßigkeiten gefüllt. Das sah echt lecker aus. Franziska wusste, wie sehr ihre Schwester auf Gummibärchen stand. Nur das Geschenk von Jenny war etwas gewöhnungsbedürftig: Sie hatte einen Kalender gebastelt. Auf jedem Monatsblatt war ein Foto von ihrer Schwester oder von ihrer Schwester mit Jenny aus den letzten zwölf Jahren zu finden. Ihre Schwester schien jedoch mit diesem Geschenk am meisten Freude zu haben.

»Ich hab gestern im Reisebüro einen ganzen Stapel Prospekte geholt«, erzählte Angela.

»Wir wollen im Sommer miteinander Urlaub machen«, wurde Franziska von ihrer Schwester auf den neuesten Stand gebracht.

Diese bekam nur ein »Cool« über die Lippen. Wenn sie ehrlich war, hörte sich das ausnahmsweise wirklich cremig an. Wenn sie so alt wie ihre Schwester war, würde sie auch solche Dinge machen. Aber mit wem würde sie verreisen? Sie stocherte mit ihrer Gabel in ihrem Kuchen herum.

Endlich! Britney Spears dröhnte durchs Zimmer. Alle Köpfe drehten sich zu Franziska. »Sorry«, murmelte sie, aber sie lächelte stolz. JOEL stand auf dem Display. Sie sprang auf und stoppte den Song mit einer Taste. »Bin gleich wieder da!« Mit drei Schritten war sie im Flur. »Das hat aber gedauert«, zwitscherte sie ins Telefon,

»ich hab mich die ganze Zeit mit den Freundinnen meiner Schwester gelangweilt. Die hat eine so öde Geburtstagsfeier. Du kannst dir gar nicht vorstellen, wie ...«

Joel schnitt ihr das Wort ab. Er schien ungeduldig zu sein. Sie hörte zu.

»Was?«, presste sie hervor. »Aber ...« Sie war kreidebleich im Gesicht geworden. Aus dem Wohnzimmer drang lautes Gelächter. Das klang einfach nur kindisch! Sie stieg die Treppe hinauf, um ungestört zu sein. »Joel?«, fragte sie und sie war sich bewusst, dass dies total doof klang. Aber was sollte man in einer solchen Situation schon sagen? »Hallo?«, rief sie etwas lauter, aber Joel hatte bereits aufgelegt.

Sie setzte sich auf die oberste Treppenstufe und sah das Handy fassungslos an. Das konnte nicht sein! So etwas gab es nur in Daily Soaps. Sie rief Joel an. Es klingelte, aber er nahm nicht ab. So ein Feigling! Sie versuchte es nochmals und nochmals, doch immer die gleiche Reaktion. Sie sprach eine Nachricht auf seine Mailbox. Am liebsten hätte sie das Handy die Treppe hinuntergeknallt. Tränen rannen ihr übers Gesicht. Erst gestern war er bei ihr gewesen und es hatte sich so richtig angefühlt. Wie konnte er da auf einmal ...

»Franziska?«, rief ihre Schwester. »Wir gehen jetzt ins Kino. Kommst du mit? Ich lade dich ein.«

Franziska riss sich zusammen und tat so, als

wäre alles in Ordnung: »Nein, ich bin verabredet. Viel Spaß.«

»Ach komm doch mit«, versuchte Angela sie zu überreden, »der Film soll total witzig sein.«

Zum Glück kam niemand auf die Idee, die Treppe heraufzukommen. Sie sah bestimmt zum Fürchten aus. »Geht wirklich nicht«, presste sie hervor und rannte schnell in ihr Zimmer. Dem roten Sitzball versetzte sie einen Tritt, sodass er gegen die Tür donnerte. Sie warf sich aufs Bett und drückte ihr Gesicht ins Kissen. Warum tat er ihr das an? Sie hatte doch alles richtig gemacht. Warum konnte er so plötzlich seine Meinung ändern? Und dann noch am Telefon! Das war ja die Höhe! Empfand er denn gar nichts für sie? Sie hatte sich so auf heute Abend gefreut. Es wäre das erste Mal gewesen, dass sie miteinander auf eine Party gingen.

»Franziska?« Ihre Mutter. »Ich bin kurz bei den Nachbarn. Bin bald wieder zurück.«

Sie beobachtete, wie ihre Mutter kurz darauf durch die Terrassentür das Haus verließ und zum Nachbargarten hinüberlief. Wenigstens etwas. Jetzt konnte sie heulen, ohne dass sie jemandem eine Erklärung schuldig war.

Als sie sich wieder etwas beruhigt hatte, scrollte sie sich durch das Handy-Adressbuch. Sie musste ihren Freundinnen erzählen, was passiert war. Sie wählte Morenas Nummer.

Sie ging sofort ran. »Was gibt's?«

Stockend erzählte Franziska, dass Joel mit ihr Schluss gemacht hatte.

Morena war total baff. »Aber ich hab gedacht, er liebt dich über alles?«

Franziska brach wieder in Tränen aus. Das tat so weh!

»Dann kommst du heute nicht auf die Party?«, folgerte Morena.

»Was denkst du denn!«

»Kann ich verstehen. Echt schade. Muss Schluss machen, muss mir noch ein Outfit für heute Abend aussuchen.«

»Kommst du nicht zu mir?«, fragte Franziska.

»Zu dir?« Morena drückste herum. »Nein, ich hab mich schon so auf die Party gefreut. Ich kreuze morgen bei dir auf, okay?«

»Ja, okay.« Aber Franziska fand es überhaupt nicht okay. Verstand Morena nicht, wie schlecht es ihr ging? Sie probierte es bei Fabienne.

»Schon nervös wegen heute Abend?«, schrie sie. Im Hintergrund war lautes Rauschen zu hören. »Ich bin gerade beim Friseur.«

Franziska erzählte, was sie gerade Morena erzählt hatte.

»Ein … bescheuert! Dem würde … keine Träne … her weinen!« Wegen des Krachs war nur jedes zweite Wort zu verstehen. »Du … mir am Montag in der Schule … ganz genau erzählen.

Lass dich davon nicht unterkriegen!« Dann wurde die Verbindung unterbrochen.

Auch Celine war fassungslos, als sie von Franziskas Neuigkeiten erfuhr. Sie war die beste Freundin von Morena, Franziska hatte sie bei Morenas Geburtstag kennengelernt. Celine schien etwas verwirrt zu sein. »Das tut mir echt leid«, sagte sie immer wieder. Was anderes schien ihr nicht einzufallen. Da Franziska nichts sagte, blieb es eine Weile still. »Also, dann wünsche ich dir alles Gute«, sagte Celine.

Franziska bereute es, sie angerufen zu haben. Sie kannten sich irgendwie doch zu wenig, um über solche persönlichen Dinge zu quatschen.

Sie suchte ihr Handy nach weiteren Nummern ab. Ina nahm gleich ab, war aber gerade mit ihrer Mutter beim Einkaufen und hatte keine Zeit. Bei Mareike meldete sich niemand. Franziska schickte ihr eine SMS. JOEL HAT SCHLUSS GEMACHT. MIR GEHT ES SCHEISSE. KOMMST DU HEUTE ABEND ZU MIR? LG, F. Die Antwort traf erst nach einer Stunde ein. BIN HEUTE BEI EINER FREUNDIN ZUM DVD-ABEND EINGELADEN. SORRY.

Kopfschüttelnd legte Franziska das Handy auf den Nachttisch. Warum war niemand da, wenn man mal Hilfe brauchte? Sie musste jetzt einfach mit jemandem über alles reden. Was wohl ihre Schwester an ihrer Stelle getan hätte? Bestimmt hätte sie gleich Angela angerufen oder vielleicht wäre sie auch auf der Stelle zu ihr gerannt und hätte sich bei ihr die Seele aus dem Leib geweint. Sie drückte ihr Gesicht ins Kissen.

Sie fuhr hoch, sie musste kurz eingenickt sein. Das Telefon klingelte. Wahrscheinlich für ihre Mutter. Es läutete, aber niemand nahm ab. Sie warf einen Blick nach draußen. War ihre Mutter noch immer bei den Nachbarn? Sie suchte ihr Handy. Sie griff unter das Kissen und die Bettdecke, sah unter dem Bett nach, aber es war wie vom Erdboden verschluckt. Wo hatte sie es hingelegt? Sie dachte nach: Hatte jemand versucht, sie auf dem Handy anzurufen und probierte es, da sie nicht abhob, nun auf dem Festnetz? Wer konnte es sein? Morena, Ina? Oder vielleicht gar Joel? Ihr Herz klopfte schneller. Vielleicht war alles nur ein Missverständnis gewesen … Sie rannte die Treppe hinunter. »Ja?«, hauchte sie ins Telefon. »Wer ist da?«

Man hatte bereits aufgelegt. Sie wartete noch einige Augenblicke. Doch es klingelte kein zweites Mal. Wahrscheinlich doch nur für ihre Mutter. Sie ging wieder nach oben. Wo hatte sie bloß ihr Handy hingelegt? Noch einmal kontrollierte sie alle Ecken und Spalten ihres Bettes. Es war schon öfters vorgekommen, dass ihr Telefon auf mysteriösem Weg dort gelandet war. Wer ihr wohl alles geschrieben oder versucht hatte, sie anzurufen? Vielleicht wartete auch eine Message auf ihrer Mailbox. Sie kroch unter das Bett. Aber da war es auch nicht. Es war nicht auszuschließen, dass Joel alles bereute und sich inzwischen gemeldet hatte. Sie wurde nervös. Sie war wütend auf sich selber, dass sie das Handy nicht auf ihren Nachttisch gelegt hatte. Dann hätte sie keine SMS und keinen Anruf verpasst. Wo war das blöde Ding? Sie hob verschiedene Kleidungsstücke auf, die kreuz und quer auf dem Boden lagen. Da! Es lag unter einem blauen T-Shirt. Das Display kündigte eine neue SMS an. Wenigstens etwas. Sie öffnete die Nachricht. Von KEVIN. Was wollte denn der? Das war ein Kumpel von einem Kumpel von Lars. Den hatte sie irgendwo mal kennengelernt. Aber mehr fiel ihr im Moment auch nicht ein. SCHÜLER: BEKOMMEN LEHRER GELD? LEHRER: JA SCHÜLER: TOLL!!! WIR ARBEITEN UND DIE LEHRER BEKOMMEN DAS GELD! Es fehlte nicht viel und sie hätte das Handy gegen die Wand geknallt. Der Spruch war uralt und dämlich. Er war absolut bescheuert, Kevin war bescheuert – nein, alle waren bescheuert. War es denn allen egal, dass sie gerade durch die Hölle ging? Sie kurbelte den Rollladen herunter und legte sich ins Bett.

»Bin wieder da!«

Franziskas Augen wanderten zum Wecker auf

ihrem Nachttisch. War der Film schon vorbei? Ihre Schwester klopfte bei ihr. Da Franziska nicht reagierte, streckte sie den Kopf ins Zimmer.

»Alles okay bei dir?« Innerhalb einer Sekunde hatte sie die Situation erfasst. Wahrscheinlich brauchte man dafür kein besonderes Talent, so verheult wie Franziska aussah. »Ich hab schon den ganzen Nachmittag gespürt, dass etwas nicht stimmt, dafür kenne ich dich einfach zu gut.« Sie setzte sich auf den roten Sitzball und deutete auf die gebrauchten Taschentücher, die kreuz und quer neben dem Bett verstreut lagen. »Er hat Schluss gemacht?«

Franziska erzählte, was passiert war.

»Hast du deinen Freundinnen schon Bescheid gesagt?«

Franziska nickte.

»Und was meinen die?«

Sie zuckte mit den Schultern. »Sie finden es alle daneben.« Sie brach wieder in Tränen aus.

Ihre Schwester streichelte ihren Kopf. »Hey, das geht vorbei. Der Typ ist es nicht wert.«

Aber es war gar nicht nur wegen Joel. Sie war wütend auf Morena, Meike, Ina und all die anderen, die sie jetzt einfach im Stich ließen und auf die Party gingen oder sonst etwas machten, als wäre nichts geschehen. War sie ihnen total egal?

»Warum lädst du nicht ein paar Freundinnen

ein?«, schlug ihre Schwester vor. »So was lenkt ab. Das habe ich bisher auch immer so gemacht, wenn es mir schlecht ging. Und danach sah die Welt wieder viel besser aus.«

»Die haben alle keine Zeit«, presste Franziska hervor, »Partys, Verabredungen ...« Dann riss sie sich zusammen. Sie wollte ihrer Schwester nicht den Geburtstag verderben.

Ihre Schwester setzte sich zu ihr aufs Bett. Franziska seufzte. Es war ja nicht das erste Mal, dass sie so etwas erlebte. Auch wenn sie gedacht hatte, dass das mit Joel was Ernsteres wäre.

»Diese ... wie heißt sie ...« Ihre Schwester schien angestrengt das Gehirn nach dem richtigen Namen abzugrasen, »die mit den schwarzen langen Haaren – die hat auch keine Zeit?«

Franziska musste eine Weile überlegen, bis ihr einfiel, wen sie meinte. »Jo?«

An die hatte sie gar nicht gedacht. Aber sie hatte auch schon seit Monaten keinen Kontakt mehr zu ihr. Sie war im vergangenen Sommer bei ihr gewesen. Irgendwie hatten sie nichts mehr voneinander gehört. Nichts Tragisches. Jo hatte sich plötzlich mit anderen Leuten abgegeben und Franziska hatte viel zu tun gehabt, bis man sich irgendwann vergessen hatte.

Ihre Schwester seufzte.

»Brauchst nichts zu sagen«, meinte Franziska, »ich weiß es ja selber.«

»Ich hab nur gedacht, es wäre eine gute Freundin von dir.«

Das war eindeutig nicht der Fall.

»Es haben halt nicht alle so viel Glück wie du!«

»Wie meinst du das?«

»Michelle, Jenny, Angela ...«

Ihre Schwester sammelte die zerknüllten Taschentücher ein und warf sie in den Papierkorb. »Das ist nicht einfach nur Glück. Freunde fallen doch nicht einfach so vom Himmel.«

»Ich hasse meine Freundinnen!«, sagte Franziska.

Ihre Schwester runzelte die Stirn. »Aber ich habe gedacht, du hast immer so viel Spaß mit ihnen.«

Das hatte Franziska auch geglaubt. »Wenn dir so was passiert wäre, wären sofort alle zur Stelle gewesen.«

Ihre Schwester lächelte. »Ich bin halt schon lange mit meinen Girls befreundet. Da haben wir schon einiges miteinander durchgestanden. Weißt du was«, fuhr ihre Schwester fort, »du machst dich jetzt zurecht und dann gehst du mit mir auf eine coole Party.«

Franziska war skeptisch.

»Ein Typ aus meiner Klasse macht heute eine Party bei sich zu Hause, ein paar von meinen Freundinnen sind dort und viele Leute, die ich noch nicht kenne. Das gefällt dir sicher auch.«

Das war sicher wieder eine öde Sache. Franziska hatte keine Lust auf diesen Freak-Klub. Sie wäre ja eh wieder nur das fünfte Rad am Wagen. »Ich hab keine Lust, ich kenn doch dort niemand.«

Ihre Schwester widersprach ihr. »Er hat alle möglichen Leute eingeladen, soviel ich weiß, auch von deiner Schule. Es ist sicher jemand dort, den du kennst, und sonst lernst du neue Leute kennen.«

Franziska war unschlüssig.

»Indem du dich zu Hause verkriechst, findest du auch keine richtigen Freunde«, doppelte ihre Schwester nach. »Wir gehen in einer Stunde. Also, beeil dich!«

Franziska kletterte aus dem Bett heraus. Vielleicht war das wirklich besser, als sich den ganzen Abend zu Hause Gedanken über Morena, Ina, Meike & Co. zu machen.

5|12

Unangenehme Neuigkeiten

»Stopp, das ist spannend!«, rief Philipp und versuchte Timo die Fernbedienung aus den Händen zu reißen.

Aber Timo war schneller. »Zuerst will ich die Wettervorhersage sehen.«

Philipp lehnte sich zurück. Auf dem Couchtisch standen noch die beiden Teller vom Mittagessen. Er hatte den ganzen Tag sturmfreie Bude: Seine Mutter war gerade auf einer zweitägigen Weiterbildung und sein Vater den ganzen Tag im Büro, anschließend wollte er sich noch mit Freunden treffen. Philipp hatte das Haus also bis spät abends für sich ganz allein! Und das an einem Ferientag. Was wollte man mehr?

Endlich schaltete Timo auf MTV um. Dort lief gerade eine Sendung über einen schwarzen Rapper aus den USA.

»Kennst du den?«, fragte Philipp.

Timo schüttelte den Kopf. »Noch nie gehört.« Es wurden Aufnahmen gezeigt, wie der Rapper in einem Party-Keller auflegte. Gekonnt brachte er mit ein paar wenigen Handgriffen die Platten zum Rotieren. Die Leute bewegten sich begeistert im Takt der Musik.

»Tight! So was müsste man können«, meinte Timo.

Aber Philipp winkte ab. »Ach was, das ist doch total einfach.«

Timo tippte sich mit dem Finger an die Schläfe. »Das lernt man nicht von heute auf morgen.«

Wollte der ihn für blöd verkaufen? Was sollte daran so schwer sein? Man musste nur wissen, wie die Geräte funktionierten, alles andere kapierte man schnell.

Timo deutete zur Küche. »Kann ich noch was zu trinken haben?«

»Ja klar, bedien dich einfach«, sagte Philipp, ohne seinen Blick vom Fernseher zu lösen. Man müsste es halt einfach mal ausprobieren, dieses Platten-Auflegen. Aber Philipp konnte sich nicht vorstellen, dass das so anspruchsvoll war.

Als Timo mit einer eiskalten Cola-Dose ins Wohnzimmer kam, stand Philipp vor dem Bücherregal. Der Fernseher lief nicht mehr.

»Was tust du?«, fragte Timo.

Philipp machte sich am Plattenspieler zu schaffen. Er versuchte, die Plastikverkleidung abzunehmen. Sie war total verstaubt. Endlich ließ sie sich öffnen. Er legte sie auf den Boden.

Timo ging näher ran. »Was soll das werden?«

»Mal schauen, wie die Maschine funktioniert«, murmelte Philipp, »wäre doch gelacht, wenn ich das mit dem Auflegen nicht auf die Reihe kriege.«

»Darfst du das?«, erkundigte sich Timo.

Philipp zuckte mit den Schultern. »Dad ist ja nicht da. Und wenn du es ihm nicht auf die Nase bindest, dann erfährt er es sicher nicht.«

Timo blieb skeptisch. »Aber das Gerät ist bestimmt sehr teuer. Und solche Dinger können schnell kaputtgehen.«

Philipp betätigte ein paar Knöpfe. Ein kurzes Surren war zu vernehmen. Er sah sich im Zimmer um. »Jetzt brauchen wir eine Platte.« Sein Vater hatte eine große Sammlung. Die meisten stammten noch aus seiner Jugendzeit – waren also schon Raritäten. Heute hörte er nur selten Musik.

Philipp zog eine Platte aus dem Regal. Von den meisten Bands hatte er eh noch nie gehört. »Tina Turner«, entzifferte er und nahm die Vinyl-Platte vorsichtig aus dem Karton. Timo saß auf dem Sofa und sah stumm zu. Philipp legte die Platte auf den Teller. »Gleich wirst du was erleben«, posaunte er, als würde er die Sensation des Jahres präsentieren. Vorsichtig nahm er die Nadel in die Hände und drückte sie auf die Platte. Sofort begann sich diese zu drehen. Es knackte in den Boxen. Dann waren die ersten Takte eines schnellen Rock-Songs zu hören. »Here we go!«, rief Philipp begeistert. Er blickte zu Timo hinüber. Philipp drückte seinen Zeigefinger vorsichtig auf die drehende Platte und schob sie leicht hin und her. Es quietschte in den Boxen. Das klang schon fast wie in dem Fernsehbeitrag, den sie vorher gesehen hatten. »Siehst du!«, rief Philipp über die Schultern.

Doch Timo war nicht besonders beeindruckt. »Du hast nur *einen* Plattenspieler«, meinte er, »da braucht es zwei und vielen anderen technischen Schickschnack, damit man was Cooles machen kann. Und sowieso: Das ist ein uraltes Ding – DJs arbeiten heute mit Turntables, das ist was ganz anderes.« Philipp war das egal.

»Wollen wir nicht lieber rausgehen?«, unternahm Timo einen letzten Versuch.

»Und was machen?«

»Eine Runde mit dem Bike drehen, runter zum Marktplatz . . .«

Die Vorschläge sprachen Philipp alle überhaupt nicht an. Jetzt stand der Plattenspieler im Vordergrund. Er hatte so richtig Feuer gefangen. Er wurde mutiger und schob die Platte intensiver an. Das klang immer besser. Er lachte Timo triumphierend an. Er drehte die Lautstärke der Boxen ein paar Einheiten nach oben. Hätte er jetzt noch Unterstützung von ein paar Scheinwerfern bekommen, hätte nicht mehr viel gefehlt für eine richtige Disco-Atmosphäre. Mit ein bisschen

Übung würde er bald im Jugendtreff auflegen können. Einfach krass, was man mit einer einzigen Platte anstellen konnte. »Komm und film das mit deinem Handy!«, bat Philipp. »Dann können wir es den anderen zeigen.«

Philipp setzte gerade an, um laut zu schreien: »Jetzt steigt die Party!« Aber in dem Augenblick, in dem er den Mund aufriss, war da ein höllisch lautes Knacken. Die beiden Jungs zuckten zusammen. Und dann war es still. Kein Geräusch mehr aus den Boxen, obwohl die Platte sich noch immer drehte. Philipp drückte auf ein paar Knöpfe. Doch es blieb still. Keine Spur mehr von Partystimmung oder tanzenden Massen, das Wohnzimmer wirkte auf einmal sehr beklemmend. War ein Kabel rausgefallen? Er checkte die Stecker. Alles noch drin.

Timo sprang auf. »Was ist?«

Philipp schaltete den Plattenspieler aus, dann wieder ein. Er kontrollierte noch einmal die Kabel, welche die Boxen mit der Musikanlage verbanden. Alles in Ordnung. Er kniete sich hin und nahm den Plattenspieler genau unter die Lupe. »Ich glaube, es ist was abgebrochen«, murmelte er.

»Das ist nicht dein Ernst?«, entfuhr es Timo.

Philipp schaltete das Gerät nochmals aus, dann wieder ein. Aber es war noch immer keine Musik zu hören. Er war bleich im Gesicht.

»Ich hab dir doch gesagt ...«, setzte Timo an.

Philipp warf ihm einen Blick zu, mit dem man hätte töten können. Er versuchte es noch ein paarmal. Aber es half nichts: Der Plattenspieler war kaputt. Und sehr wahrscheinlich konnten sie ihn nicht selbst reparieren. Er nahm die Tina-Turner-Platte und steckte sie wieder in die Hülle. Dann legte er die Plastikhülle über den Plattenspieler. Er wandte sich an seinen Freund.

»Wollten wir nicht noch kurz zum Marktplatz?« Es war offensichtlich, dass er versuchte, einen auf heile Welt zu machen.

Aber bei Timo hatte man damit keine Chance. Er zeigte auf den Plattenspieler. »Willst du nicht vorher checken, was genau ...«

»Wahrscheinlich nur ein Stecker rausgefallen oder so«, sagte Philipp schnell, »darum kann ich mich kümmern, wenn ich allein bin.« Wenn er es später nochmals versuchte, funktionierte vielleicht wieder alles einwandfrei und die ganze Aufregung war umsonst gewesen. Wahrscheinlich zickte das Gerät nur vorübergehend ein bisschen rum – das konnte bei solch alten Modellen schnell mal passieren.

»Soll ich noch einmal genau nachschauen ...«, bot Timo an. Aber Philipp hielt ihn zurück.

»Seit wann kennst du dich mit solchen Geräten aus?«

Er zuckte mit den Achseln. »Wollte dir ja nur

helfen. Aber du kannst es doch nicht einfach so stehen lassen und so tun, als wäre nichts gewesen.«

»Lass das mal meine Sorge sein«, gab sich Philipp cool. Aber in Wahrheit fühlte er sich überhaupt nicht mehr wohl in seiner Haut, sondern ziemlich panisch. Wie hatte das passieren können? Er war doch ganz vorsichtig mit dem Plattenspieler umgegangen. Okay, vielleicht hat er die Platte etwas zu heftig gedreht, aber deshalb gingen solche Geräte doch nicht gleich kaputt. Er hatte gedacht, die wären robust. Hätte er bloß auf Timo gehört! Irgendwie wurde er den Verdacht nicht los, dass er gerade ordentlichen Mist gebaut hatte. Das konnte sehr unangenehme Auswirkungen auf die restlichen Ferientage haben. Er holte in der Küche einen Energy-Drink. Mit wenigen Schlucken hatte er die Dose geleert. »Das Gerät ist sicher irgendwo lieferbar«, überlegte er.

Timo lachte laut. »Vergiss es. Eine absolute Rarität.«

Philipp knabberte an seinen Lippen. Vielleicht war ja nur die Platte hinüber und er musste einfach eine andere auflegen ...

»Ich möchte nicht in deiner Haut stecken«, sagte Timo. Die Worte fühlten sich an wie Nadelstiche.

Philipp spielte das Ganze herunter: »Alles halb so schlimm.«

Aber Timo kannte ihn zu gut. Es war mehr als schlimm – eine große Katastrophe. »Wie bringst du ihm das bei?«

Philipp ging im Kopf nochmals die Ereignisse Schritt für Schritt durch und malte sich die Konsequenzen aus. Das Resultat war ein Horrorfilm. Es blieb nur ein Ausweg: »Ich erzähle nichts. Ich tu so, als ob nichts gewesen wäre.« Nur damit kam er davon.

Timo schnitt eine Grimasse. »Super. Irgendwann wird er es merken ...«

Philipp wandte sich ab und starrte in den Garten hinaus. Warum musste sein Kumpel gleich jede Strategie eliminieren? Das mit dem Plattenspieler würde sein Dad irgendwann rausfinden, das konnte Philipp nicht abstreiten. Früher oder später würde sein Vater eine Platte abspielen wollen. Doch so schnell gab er sich nicht geschlagen: »Es gibt keinen Beweis, dass ich es gewesen bin. Er kann auch von selber kaputtgegangen sein.« Er brauchte Timo nicht anzusehen. Er wusste, dass dies nicht stimmte. Dass ein Plattenspieler einfach so von allein den Geist aufgab, war unwahrscheinlich. Und Philipp kam als Einziger infrage. Sein Bruder war vor einem Jahr ausgezogen und seine Mutter konnte mit Musik wenig anfangen. Eine Putzfrau, der man das Ganze in die Schuhe schieben konnte, gab es nicht. Wer blieb übrig? Der Scheinwerfer würde

sich sehr schnell auf ihn richten. Er ging in die
Küche und füllte ein Glas mit kaltem Leitungs-
wasser. Sein Hals war total trocken.

Timo sah zu, wie er es mit einem Zug leerte.
»Und?«

Das war eine gute Frage. »Keine Ahnung«,
meinte Philipp, »gehen wir in mein Zimmer.« Er
hatte ja noch einige Stunden Zeit, sich was zu
überlegen. Es war erst Nachmittag, sein Dad kam
nicht vor dem späten Abend, dann könnte er sich
schlafend stellen. Er hatte also sicher bis morgen
früh Zeit, sich eine Strategie zu überlegen.

Sie setzten sich vor Philipps Computer und ver-
suchten, die Gedanken auf ein Game zu lenken.
Doch diese klebten beharrlich am Plattenspieler.
Timo gewann jedes Mal, Philipp war überhaupt
nicht bei der Sache. Der kaputte Plattenspieler
lag ihm wie Blei im Magen. Wie sein Vater wohl
reagierte, wenn er davon Wind bekam? Es war
wahrscheinlich besser, wenn er sich das nicht im
Detail zusammenreimte. Dagegen wäre ein Horrorfilm bestimmt total harmlose Kost. Er erinnerte
sich an die letzte Geburtstagsparty seines Vaters:
Als Höhepunkt hatte er seinen Plattenspieler in
Betrieb genommen und ein paar alte Platten ab-
gespielt. Das machte er immer bei besonderen
Gelegenheiten. Die Gäste hatten begeistert ap-
plaudiert. Das Gerät schien seinem Vater wirklich
sehr viel zu bedeuten.

Timos Handy vibrierte. Eine SMS von Alex.
»Sie sind ab sieben im Jugendkeller. Ist das
okay?«

Philipp nickte. Aber irgendwie hatte er gar
keine Lust mehr, dorthin zu gehen. Doch wenn er
zu Hause blieb, würde er sich bloß die ganze Zeit
den Kopf zerbrechen. Und das Einzige, was dabei
rauskam, waren Kopfschmerzen.

»Niemand zu Hause?« Philipp wäre beinahe vom
Stuhl gefallen. Sein Dad! Philipp und Timo warfen sich einen Blick zu. »Hallo?«, rief dieser nochmals die Treppe herauf.

»Was macht der denn schon hier?«, entfuhr es
Philipp. »Er hat doch gesagt, dass ...« Er sah auf
die Uhr auf dem Monitor. Noch nicht mal sechs!
Ihm fiel das Chaos ein, das sie in der Küche und
im Wohnzimmer angerichtet hatten. Er hätte auf-
räumen sollen, bevor sein Vater nach Hause kam.
Warum war der schon zurück? Er hatte fest damit
gerechnet, dass er erst nachts wieder hier aufkreuzte. Es blieb keine Zeit zum Überlegen. Sein
Vater kam bereits die Treppe hoch und stand kurz
darauf in der Tür. »Hier seid ihr!«

Die beiden Jungs nickten.

»Du bist schon da?«, fragte Philipp. Und er be-
fürchtete, sein Dad hatte bereits an dieser Frage
gemerkt, dass etwas faul war. Aber der schien
den Kopf momentan ganz woanders zu haben.

»Ich hab heute Mittag spontan entschieden, früher Schluss zu machen und vor dem Treffen mit meinen Freunden noch ein bisschen Gartenarbeit zu erledigen.« Er lockerte seine Krawatte und nahm sie ab. »Die nächsten Tage soll es ja wieder regnen.« Er wollte wissen, was die beiden am Nachmittag gemacht hatten. Philipp erzählte ein paar Dinge, ohne die Sache mit dem Plattenspieler zu erwähnen. Aber sein Vater hatte sich schon wieder umgedreht. »Bin unten, wenn was ist.«

»Ich hätte es ihm gleich gesagt«, meinte Timo, als Philipps Vater außer Hörweite war. Philipp ließ sich aufs Bett fallen und starrte an die Decke. Timo hatte gut reden!

»Der killt mich, wenn ich es ihm sage.«

»Und er killt dich, wenn du es ihm nicht sagst«, ergänzte Timo, »so etwas kommt früher oder später ans Licht. Da kannst du Gift drauf nehmen.« Egal wie man es drehte, er hatte immer schlechte Karten. Und es würde nicht besser werden, wenn er es aufschob. Philipp gab sich einen Ruck. Vielleicht war es wirklich besser, wenn er jetzt gleich ... Sein Vater schien heute gut drauf zu sein. Diese Gelegenheit musste er nutzen. Er bewegte sich in Richtung Erdgeschoss. Es kam ihm vor, als hätte man Gewichte an seine Beine gebunden. Er blieb in der Küchentür stehen. Sein Vater stöberte gerade im Kühlschrank herum.

Dabei pfiff er vergnügt vor sich hin. Er hatte sich umgezogen und trug nun T-Shirt und Jeans.

»Papa«, setzte Philipp an. Er musste sich räuspern.

Sein Vater wandte sich um. »Was gibt's?«

Philipp knabberte an seiner Oberlippe. »Es ist da ein kleines Missgeschick passiert.«

Die Miene seines Vaters verfinsterte sich. »Was ist los?«

Es rauschte in Philipps Ohren. Bestimmt waren sie knallrot. »Ich ...«, setzte er an und hielt inne. Er widerstand dem Versuch, mit etwas Banalem abzulenken. »Der Plattenspieler ...« Er zeigte ins Wohnzimmer.

Sein Vater überlegte einen Augenblick, dann ging er mit schnellen Schritten hinüber. Ein kurzer Gedanke schoss durch Philipps Kopf: Vielleicht nur falscher Alarm und sein Vater merkte gleich, wie man das Problem behob. Auch wenn das nicht realistisch klang, klammerte er sich verzweifelt an diesen Rettungsanker. Doch ohne den Plattenspieler genauer untersucht zu haben, wusste dieser schon, was passiert war.

»Das darf nicht wahr sein!«, entfuhr es ihm. Er drehte sich zu Philipp, der mit hängenden Schultern in der Tür stand. Am liebsten wäre er im Boden versunken. »Er ist kaputt?«

Philipp nickte stumm. Sein Vater sah ihn auffordernd an. Er wollte mehr wissen.

»War nicht mit Absicht, ich wollte eine Platte anhören …« Er erzählte von der Sendung auf MTV, dass er einfach auch einmal wie ein richtiger DJ … Das spielte alles keine Rolle, das waren nur Ausflüchte.

»Und da hast du einfach den Plattenspieler als Spielzeug missbraucht?«

»Ich war ja vorsichtig. Ich kann mir überhaupt nicht erklären …«

Sein Vater schüttelte den Kopf. »Du hast genau gewusst, was du tust.«

»Ich konnte ja nicht wissen, dass der so empfindlich ist.«

»Das habe ich dir oft genug erzählt! Das war einfach verantwortungslos! Lässt man dich einen Tag alleine zu Hause und schon machst du alles kaputt!«

»Ich hab es ja nicht absichtlich …«, setzte Philipp an.

Aber sein Vater ließ ihn nicht ausreden: »Wenn ich das gewusst hätte, hätte ich ihn in einen Tresor geschlossen.« Er raufte sich die Haare. »Wie oft habe ich dir gesagt, dass du deine Finger davon lassen sollst.« Kopfschüttelnd verließ er durch die Terrassentür das Haus. Philipp beobachtete, wie er im Garten auf- und ablief. Was ihm wohl jetzt durch den Kopf ging? Philipp war es sehr ungemütlich. Bestimmt überlegte er sich nun, wie er ihn bestrafen sollte. Er griff nach einer Hacke und bückte sich zum Blumenbeet. Doch dann warf er die Hacke wieder auf den Boden. Endlich kam er wieder ins Haus zurück. Er trat ins Wohnzimmer und sah Philipp an.

»Es tut mir wirklich leid«, sagte dieser.

Sein Vater lachte. »Das hilft mir jetzt wirklich sehr viel.«

Philipp hatte eine Idee: »Ich komme dafür auf. Du kannst die Reparaturkosten von meinem Taschengeld abziehen.«

Sein Vater lächelte gequält. »Das wird man nicht mehr reparieren können. Würde mich überraschen, wenn es für dieses alte Gerät noch irgendwo Ersatzteile gibt.«

»Oder ...« Jetzt war auch Philipp mit seinem Latein am Ende. Sich nochmals zu entschuldigen, kam ihm doof vor. Einige Augenblicke blieb es still. Sein Vater schien nachzudenken.

»Den Plattenspieler habe ich schon über zwanzig Jahre. Der war damals der allerletzte Schrei.« Er blickte ins Leere. Wahrscheinlich dachte er jetzt an damals und was er mit dem Plattenspieler alles erlebt hatte. Philipp musste leer schlucken. Er wusste, dass er jetzt besser still blieb. Dann stand sein Vater ruckartig auf. »Daran werde ich wohl noch eine Weile zu knabbern haben«, murmelte er, »aber was passiert ist, ist nun mal passiert. Er ist kaputt, da kann man nichts machen. Ich könnte dir jetzt Hausarrest geben oder sonst was … aber was bringt's? Das Gerät wird so auch nicht wieder ganz. Bei meiner nächsten Geburtstagsparty werden die Leute enttäuscht sein, dass keine Platten aufgelegt werden.« Er verzog das Gesicht, als wäre der Gedanke an eine Party ohne Plattenspieler sehr schwer zu verdauen.

Philipp traute seinen Ohren kaum. Er kam so leicht davon? Er wartete eine Weile, da er glaubte, sein Vater würde bestimmt noch eine Bedingung stellen. Als nichts folgte, hakte er nach: »Wirklich?«

Sein Vater nickte. »Ab sofort lässt du aber die Finger von Dingen, mit denen du dich nicht auskennst.«

Philipp fiel ein Stein vom Herzen. »Es tut mir wirklich sehr leid.«

»Am besten verziehst du dich, bevor ich es mir anders überlege.« Sein Vater zeigte zur Zimmerdecke. »Du solltest Timo nicht länger warten lassen.«

Philipp ließ sich mit voller Wucht aufs Bett fallen. Der Lattenrost quietschte. War das bombig! Philipp hätte die ganze Welt umarmen können. Timo schaute sich gerade einen neuen Musik-Clip im Internet an.

»Nochmals Glück gehabt«, brabbelte er. Und da ihn Philipp überrascht ansah, erklärte er: »Hab euch von der Treppe aus belauscht.«

»Mir ist ein Stein vom Herzen gefallen«, gestand Philipp, »zuerst habe ich gedacht, er flippt aus. Ich hab mir fast in die Hosen gemacht! Hat mir echt Angst eingejagt, dass er so lange still geblieben ist. Und du hättest sein Gesicht sehen müssen! Wie die Grimasse von einem Monster! Da kann man jemanden sehr schwer einschätzen. Und dann das! «

Timo grinste. »Dann ist ja alles in Butter. Und musst du jetzt für den Schaden aufkommen?«

»Nicht einmal das!«, sagte Philipp und konnte sein Glück noch immer nicht fassen. Vor einer halben Stunde hatte er sich noch das Schlimmste ausgemalt. Heute war wirklich sein Glückstag.

Timo tippte auf seine Armbanduhr. »Wir sollten langsam los.«

Das musste man Philipp nicht zweimal sagen. Der Jugendkeller war das, was er jetzt brauchte. Das glückliche Ende des heutigen Nachmittags musste ordentlich gefeiert werden. Er zog sich ein frisches T-Shirt an, Timo schmierte sich etwas Gel in die Haare. Dann zogen sie mit ihren Bikes los.

Im Jugendkeller war die Party schon in vollem Gange, am Tischfußballtisch kein Platz mehr frei. Die Spieler gaben Philipp und Timo zu verstehen, dass sie eben erst begonnen hatten. Deshalb stellten sich die beiden an die Bar, bestellten Drinks und musterten die anderen Gäste. Diese standen in Grüppchen im ganzen Keller verteilt herum und unterhielten sich. Auf der Bühne war bereits das DJ-Equipment aufgebaut. In einer halben Stunde würde der DJ für passende Musik sorgen.

Timo grinste. »Willst nicht du heute auflegen?«, fragte Timo.

Philipp stupste ihn an. »Sehr komisch.« In nächster Zeit würde er wohl keine Vinyl-Platten anrühren. »Ich kann es noch immer nicht fassen, dass mein Dad mir nicht den Kopf abgerissen hat.«

Alex und Mirco kamen die Treppe herunter und steuerten direkt auf die beiden Jungs zu. Sie begrüßten sich mit Handschlag.

»Beim Kickertisch ist alles besetzt«, erklärte Philipp. Die beiden bestellten sich auch was zu trinken. Alex schien gerade beim Friseur gewesen zu sein, er hatte nur noch einen kleinen Bruchteil von seinen roten Locken.

»Schon lange hier?«, erkundigte sich Mirco. Philipp nickte und wollte wissen, was die anderen heute gemacht hatten.

»Nicht viel, wir waren bei Mirco«, erzählte Alex, »und haben uns ein paar DVDs reingezogen. Da war echt ein geiler Action-Film dabei, den muss er euch mal ausleihen ...« Er beendete den Satz abrupt. Aber zu spät. Philipp hatte schon angebissen.

»Apropos ausleihen, du hast doch noch eine DVD von mir?« Er schnippte mit den Fingern. Wenn Alex es nicht erwähnt hätte, wäre die ausgeliehene DVD irgendwo in seinem Kopf verschollen geblieben. Die DVD war jetzt schon über einen Monat bei ihm.

»Ja . . .«, druckste Alex rum, »deswegen wollte ich eh schon lange mit dir reden.« Er nahm einen Schluck von seiner Cola. »Mir ist ein dummes Missgeschick passiert.« Er machte eine kleine Pause, ehe er weitersprach. »Ich hab deine DVD meiner Freundin ausgeliehen, die wollte sich das auch unbedingt mal ansehen. Aber nun hat sie die Scheibe verlegt. Sie kann sie nirgendwo mehr finden. Wir haben letztes Wochenende ihr ganzes Zimmer auf den Kopf gestellt. Doch die Scheibe ist wie vom Erdboden verschluckt.«

»Was?«, rief Philipp entgeistert. »Das ist jetzt nicht dein Ernst, oder?« Wollte ihn der Typ verarschen?

Alex machte ein zerknirschtes Gesicht.

»Seine Freundin scheint etwas zerstreut zu sein«, versuchte Mirco die Spannung zwischen den beiden Jungs zu lockern.

Aber damit konnte er bei Philipp nicht punkten. Er knallte seinen Energy-Drink auf den Tresen. »Du hast mir versprochen, auf die DVD aufzupassen!« Seine Stimme war so laut geworden, dass zwei Mädchen, die in der Nähe standen, neugierig die Köpfe zu ihnen drehten. Mirco und Timo war es peinlich. Am Ende wurden sie noch wegen Philipp rausgeschmissen.

Alex wollte etwas sagen, aber Philipp ließ ihn nicht zu Wort kommen. »Du hast genau gewusst, dass das eine spezielle DVD ist. Die habe ich aus den USA mitgebracht!« Es war eine Erinnerung an die Ferien im vergangenen Sommer.

»Ja, aber ich konnte doch nicht ...« Es war Alex anzusehen, dass er sich jetzt sehr gerne an einen anderen Ort gebeamt hätte.

»Halt die Klappe!«

Mirco versuchte, den Streit zu schlichten: »Mann, es geht doch nur um eine DVD.«

»Misch dich da nicht ein!«, bellte Philipp ihn an. Dieser hob abwehrend die Hände in die Höhe. »Du bringst mir bis morgen die DVD zurück, sonst ...«, drohte er Alex.

Er lächelte unsicher, da er nicht wusste, wie er Philipps Drohung einordnen sollte.

»Sei doch nicht so kleinlich«, raunte Timo Philipp zu, »hast du heute Nachmittag schon vergessen?«

Der DJ stieg auf die Bühne und stellte sich hinter seine Turntables. Er trug eine rote Baseballmütze und ein weißes T-Shirt, auf dem in schwarzen Lettern H-E-Y gedruckt war.

»Schönen Abend«, rief er ins Mikrofon, »lasst uns die Party beginnen!« Und sogleich wummerten die ersten Töne von einem Chart-Hit, der zurzeit im Radio rauf und runter gespielt wurde, aus den Boxen.

6 | 12

Eine riesige Katastrophe

Es war viel zu heiß! Hanna rann der Schweiß aus allen Poren, und wie sie im Nachhinein ihren Eltern erzählte, hatte sie bereits da gespürt, dass der Tag ziemlich heftig werden würde. Zwar gab es keine Anzeichen dafür, aber etwas lag in der Luft. Das T-Shirt klebte auf ihrer Haut, immer wieder wischte sie sich den Schweiß von der Stirn. Sie hätte freiwillig das Schuljahr wiederholt, wenn sie jetzt in einen kühlen Pool hätte springen können. Aber die Stadtführung würde wohl noch eine Weile dauern. Herr Rieser, ihr Klassenlehrer, hätte für die Klassenfahrt wirklich keinen besseren Tag aussuchen können. Es herrschten tropische Temperaturen. Sie hatten am Morgen bei der Abfahrt versucht, ihn zu überreden, auf die Führung zu verzichten und stattdessen ins Freibad zu gehen. Aber vergebens. Es wäre keine Überraschung, wenn die ganze Klasse nach diesem Spaziergang quer durch die Stadt mit Sonnenstich ins Krankenhaus eingeliefert würde.

»Wie lange geht das noch?«, jammerte sie.

»Jetzt seid nicht so empfindlich«, rief Herr Rieser genervt. Er zeigte zu einem Turm hinauf und erzählte etwas zu dessen Entstehung. Hanna hörte nicht hin. Solche Sachen interessierten sie nicht. Schon gar nicht bei dieser Hitze und dieser Menge an Menschen, die sich hier auf dem Marktplatz tummelte! Sie schienen nicht die einzige Gruppe zu sein, die die Idee gehabt hatte, bei dieser mörderischen Hitze durch die Gassen zu ziehen. Japaner, Amerikaner, eine andere Schulklasse ... Andauernd wurde man angerempelt oder es wurde einem ein Ellbogen in den Bauch gerammt. Bestimmt hatte sie schon blaue Flecken. Sie kramte in ihrer Tasche herum. Da herrschte das reinste Chaos, obwohl sie nur das Nötigste eingepackt hatte. Endlich ertastete sie die Plastikflasche. Mit ein paar wenigen Schlucken hatte sie die geleert. Aber um ihren Durst zu löschen, hätte sie wohl einen ganzen Swimmingpool voll Ice-Tea trinken müssen.

»Schau mal dort drüben!« Claudia zeigte zu einer Frau, die auf einem Karton kniete und den Passanten bettelnd die Hände entgegenhielt.

Hanna rümpfte die Nase. »Wer gibt der schon was? In Wahrheit hat die sicher viel Geld und führt alle an der Nase herum.«

Claudia glaubte das nicht. »So etwas macht doch niemand freiwillig! In der prallen Sonne – das ist doch Selbstmord.«

»Von mir bekommt sie nichts«, sagte Hanna, »sollen das die anderen machen, die haben mehr Geld.« Und um sich nicht noch länger den Kopf darüber zerbrechen zu müssen, sagte Hanna bestimmend: »Es wird sich schon jemand um sie kümmern. Zerbrich dir deswegen nicht den Kopf.«

Endlich setzte sich die Klasse wieder in Bewegung. Hanna hielt Ausschau nach ein bisschen Schatten. Aber das schien hier in der Fußgängerzone Mangelware zu sein. Sie hätte doch einen Hut mitnehmen sollen. Leute wie Claudia, die so blonde Haare hatte, vertrugen die Hitze bestimmt besser als sie mit ihren pechschwarzen Locken. Sie wünschte wieder in diesem langweiligen Technikmuseum zu sein, das sie heute Morgen angeschaut hatten. Dort war es wenigstens dank Klimaanlage angenehm kühl gewesen – paradiesische Verhältnisse.

»Ich werde wahnsinnig!«, stöhnte Claudia. Sie ließ ihr Handy, mit dem sie vorher noch begeistert alles Mögliche abgeknipst hatte, in ihrem Rucksack verschwinden.

Hanna hakte sich bei ihrer besten Freundin unter. »Geht mir doch genau gleich. Dieses Mal ist es wirklich öde«, sagte Hanna.

»Jetzt seid endlich mal still!«, fuhr Herr Rieser sie an.

Den nächsten Halt legten sie vor einem riesigen Bronzedenkmal ein. Die Luft flirrte vor Hitze. Das war ja Folter, was Herr Rieser machte! Er bat Tobias, den Text auf dem Schild vorzulesen.

Hanna sah sich um. Direkt neben dem Denkmal war ein Marktstand aufgebaut, wo Schmuck und viele andere Accessoires verkauft wurden. Die silbernen Armreifen stachen ihr sofort ins Auge. Die sahen wirklich spitze aus! Sie hatten Gravuren in allen möglichen Farben. Sie probierte einen an. Er passte wie angegossen. Sie stupste Claudia. »Schau mal, ist der nicht hübsch?«

Claudia nickte. Sie machte Platz, damit eine ältere Frau an ihr vorbeikam. Warum waren diese Leute bei diesem Wetter nicht beim Baden? Freiwillig hätte sie sich heute nicht in der Stadt herumgetrieben. Die Verkäuferin hinter dem Stand sah auch ziemlich fertig aus. Und das Geschäft schien bei diesem Wetter schleppend zu laufen. Dabei hatte sie wirklich hübsche Schmuckstücke. Allein auf den ersten Blick hatte Hanna schon vier, fünf Sachen entdeckt, die sie gerne anprobiert hätte. Okay, zu viel Schmuck wäre peinlich. Wer wollte sich schon mit so vielen Klunkern behängen wie 50Cent? Dann ging alles sehr schnell. Herr Rieser gab den Schülern ein Zeichen. Fast gleichzeitig winkte Jacky mit einer Packung Gummibärchen.

»Ich will!«, rief Claudia völlig aus dem Häuschen.

Hanna wusste, dass die für Gummibärchen sogar einen Mord begangen hätte. Sie drängte sich zu Jacky, die etwa drei Meter entfernt stand. Als sie die erste Handvoll Gummibärchen in den Mund steckte, wandte sie sich zu Hanna um.

»Komm! Die gehen weiter!« Sie winkte ihr aufgeregt.

»Wartet!«, rief Hanna. Sie streifte den Armreif ab und legte ihn wieder auf den Tisch. Sie heftete ihren Blick an Claudia, sie wusste, dass sie diese auf keinen Fall aus den Augen verlieren durfte. Aber das, was gleich darauf passierte, hatte sie nicht vorausahnen können: Jemand rempelte sie ziemlich unsanft an, sie wollte ihm eine Szene machen, doch sie kam nicht mehr dazu, da man ihr in diesem Augenblick die Tasche entriss. Sie realisierte es, weil plötzlich das Gewicht weg war, dann sah sie jemanden davonrennen. Sie drehte sich um, hatte für ein paar Sekunden noch eine Schlaufe in der Hand, doch sie entglitt ihr.

»Hey!«, schrie sie und drängte in die Richtung, wo sie die Tasche hatte verschwinden sehen. Aber der Täter war irgendwo in der Menge untergetaucht. Sie konnte ihn nirgends entdecken. Sie wandte sich um und suchte Claudia und die anderen. Doch von denen war weit und breit keine Spur. »Claudia?« Eine Frau, die sich gerade an ihr vorbeidrängte, sah sie irritiert an. Wo waren die alle hin? Nahmen die sie jetzt auf den Arm? Bestimmt sprangen gleich alle aus dem Versteck und lachten sich kringelig, dass sie Hanna eine solche Angst eingejagt hatten. Sie zwang sich zur Ruhe. Bestimmt würde Claudia in wenigen Augenblicken aus dem Nichts auftauchen und sie zu den anderen bringen. Herr Rieser würde wissen, was sie wegen der geklauten Tasche tun musste. Aber es passierte nichts. Kein Herr Rieser, keine Claudia, kein einziges bekanntes Gesicht weit und breit. Vielleicht war es besser, wenn sie Claudia einfach anrief ... Mist! Das Handy war ja auch weg! Erst jetzt erkannte sie das ganze Ausmaß ihrer Situation: das Handy, das Portemonnaie, ihr Ausweis ... – alles befand sich in der Tasche. Eine Katastrophe! Dagegen waren die Hitze und das verschwitzte T-Shirt ein Klacks. Tränen schossen ihr in die Augen. Was sollte sie nun machen? Warum hatten die anderen nicht gewartet, bis sie ihnen folgte? Nein, sie wollte jetzt nicht heulen. Sie war doch kein Baby mehr. Doch wie verhielt man sich in einer solchen Situation? So etwas hätte man einem mal in der Schule beibringen sollen und nicht solche langweiligen Zahlen über irgendwelche verwitterten Denkmäler. Sie wusste nicht einmal, wo sie sich befand. Sie war heute zum ersten Mal in dieser Stadt. Über eine Million Einwohner. Das hatte sie im Kopf behalten. Sie hatte es so beeindruckend gefunden, als Herr Rieser es ihnen erzählte. Sie versuchte sich zu erinnern, ob er ihnen mitgeteilt hatte, wo die Führung enden würde. Dann könnte sie sich auf den Weg dorthin machen. Ende gut, alles gut. Sie zerbrach sich den Kopf. Was hatte er bloß gesagt? Mist, es fiel ihr einfach nicht ein. Sie hatte keinen blassen Schimmer. Hätte sie nur aufgepasst, anstatt mit Claudia über Sabrinas peinliches T-Shirt zu lästern.

»Falls etwas ist oder ihr die Klasse verliert, einfach dort warten, denn dort kommen wir am Schluss hin«, hörte sie Herrn Rieser sagen. Aber was hatte er davor gesagt? Da hatte ihr Gehirn definitiv die falsche Sequenz aufgezeichnet. Claudia würde doch gleich bemerkt haben, dass sie fehlte? Das Beste wäre, wenn sie sich einfach nicht vom Fleck rührte und wartete, bis die anderen zurückkamen. Aber was, wenn es gar niemandem aufgefallen war? Wenn sie erst abends, wenn sie in den Bus stiegen, realisierten, dass sie fehlte? Oder dass sich niemand daran erinnerte, wo sie sie verloren hatten? Vielleicht suchten sie und konnten sie vor lauter Menschen nicht entdecken. Sie war ja nicht so groß.

Sie stellte sich auf die Zehenspitzen und schielte in alle Richtungen. Das brachte auch nichts. Auf jeden Fall hielt sie es nicht länger als ein paar Minuten hier in der prallen Sonne aus. Sie sah sich um. Die Klasse konnte sich in alle möglichen Himmelsrichtungen davongemacht haben.

Es war echt ein dummes Gefühl, ohne Handy, ohne Geld und ohne Orientierung in einer fremden Stadt zu sein. Wie amputiert kam sie sich vor oder wie ein Hund, den die Besitzer einfach irgendwo ausgesetzt hatten. Und dazu hatte sie fürchterlichen Durst! Kein Wunder bei dieser Hitze. Sie durchsuchte sämtliche Taschen ihrer Jeans. Doch die Ausbeute waren nur ein paar wenige Cent-Stücke. Das reichte nicht einmal für ein Glas Wasser. Sie drängte sich durch die Menge. Dieses Gewühl brachte sie noch an den Rand eines Nervenzusammenbruchs. Sie brauchte jetzt einen ruhigen Ort, um ihre Situation in Ruhe zu analysieren. Sie spazierte die Gasse hinunter. Hier waren weniger Menschen unterwegs. Nervös knabberte sie an ihren Fingernägeln. Das Sinnvollste wäre, Claudia anzurufen. Doch wie sollte sie das ohne Handy bewerkstelligen? Sie musste jemanden bitten, ihr kurz das Handy zu leihen, damit sie ihre Freundin anrufen und ihren Standort durchgeben konnte. Bis vor wenigen Minuten hätte sie wohl nie gedacht, dass sie mal gezwungen sein könnte, wildfremde Leute wegen eines Handys anbetteln zu müssen. Sie kam sich doof vor, aber was blieb ihr schon anderes übrig?

»Entschuldigung«, wandte sie sich an eine Frau, die mit mehreren Einkaufstaschen beladen an ihr vorbeispazierte.

Doch diese schüttelte den Kopf. »Keine Zeit, ich muss auf den Bus!«

Hanna nickte verständnisvoll. Sie entdeckte zwei Mädchen in ihrem Alter. Die kleinere der beiden trug grüne Flipflops.

Hanna stellte sich ihnen in den Weg. »Sorry, könnt ihr ...«

»Wir haben kein Kleingeld«, schnitt ihr die größere der beiden das Wort ab. Sie wichen ihr aus und gingen weiter, als würde es Hanna nicht geben.

»Aber ich wollte ...«, stammelte Hanna, doch die beiden waren schon außer Hörweite. Sie hatte doch gar nicht um Geld gebettelt. Ein junger Mann tauchte auf. In seinen Ohren steckten die Stöpsel seines MP3-Players. Er tat so, als würde er Hanna nicht hören. Sie entdeckte ihr Bild im Schaufenster eines Hut-Ladens. Sie betrachtete ihr Spiegelbild eingehend. Wie sie wohl auf die anderen wirkte? Wie eine Bettlerin, eine Kriminelle oder eine Irre? Lag es an ihrem panischen Blick, dass die anderen Angst bekamen? Würde es was bringen, wenn sie einfach hier mitten auf der Gasse in Tränen ausbrach? Sie hielt Ausschau nach Leuten, die ihr helfen konnten. Ein großer Mann schritt vorbei. Er trug eine dunkle Sonnenbrille, Anzug und Krawatte. Er sah zu respektvoll aus, als dass sie wagte, ihn anzusprechen. Vielleicht sollte sie in einen Laden gehen und die Verkäuferin fragen. Dort wäre es ruhiger und die Chance war größer, dass sie ihr Problem schildern konnte. Sie versuchte die Tür zum Hut-Geschäft zu öffnen. Abgesperrt. Sie las die Öffnungszeiten. Sie war wohl zu spät. Da hatte sich heute wirklich alles gegen sie verschworen! Am liebsten hätte sie sich jetzt in eine Ecke gesetzt und einfach nur laut geweint. Aus dem Geschäft gegenüber kam gerade eine Verkäuferin heraus. Sie hatte es eilig. Sie suchte den Schlüssel aus ihrer Handtasche und sperrte den Laden ab.

»Könnten Sie mir kurz Ihr Handy leihen?«, fragte Hanna schnell.

Die Frau sah sie an. »Das Handy? Wofür ...« Sie zögerte.

»Ich muss dringend eine Freundin anrufen, da ich sie verloren habe und meine Tasche geklaut worden ist ...«

Die Frau schüttelte den Kopf. »Sorry, ich habe selber kein Handy.«

Hanna hätte die Worte beinahe mitgeplappert – diese Reaktion hatte man ja erwarten können. Dann sprang die Frau mit schnellen Schritten davon. Sie hielt die Tasche fest umklammert, als fürchtete sie, Hanna würde sie ihr gleich entreißen. Dass sie gelogen hatte, war eindeutig. Aber Hanna konnte es sogar ein bisschen verstehen. Würde sie einer wildfremden Person einfach so das Handy geben? War ja nicht gerade die alltäglichste Sache, dass man danach gefragt wurde. Heute hatte doch jeder ein Handy.

Sie ging ein paar Schritte. Ein Straßencafé. Alle Stühle waren besetzt. Sie nahm ihren ganzen Mut zusammen und trat an einen Vierertisch. Zwei Ehepaare. Beim Anblick der Eiscafés lief ihr das Wasser im Mund zusammen. Sie musste sich zusammenreißen, dass sie sich nicht darauf stürzte.

»Entschuldigung«, sagte sie, »ich brauche dringend Hilfe ...«

Acht Augen blickten sie unsicher an. Niemand sagte ein Wort. Sie versuchte es mit einem Lächeln. Doch sie kam nicht mehr dazu, ihr Problem zu schildern.

Der Kellner hatte sich direkt vor ihr aufgebaut und bedachte sie mit einem tadelnden Blick. Sie wäre am liebsten im Erdboden versunken. Die Arme vor der Brust verschränkt, fuhr er sie an: »Nicht schon wieder! Ich habe eben deine Kollegin weggejagt! Unsere Gäste haben keine Lust, ständig von Bettlern bedrängt zu werden!«

Sie wollte etwas erwidern, aber sie ahnte, dass es keinen Sinn machte. Der Typ war felsenfest davon überzeugt, dass sie es auf Geld abgesehen hatte. Er scheuchte sie davon, als wäre sie eine lästige Fliege.

»Entschuldigung«, sagte der Kellner zu den beiden Ehepaaren, »ich kann mir vorstellen, dass das sehr störend ist.«

Sie kam sich vor wie im falschen Film. Alles, was sie brauchte, war ja nur ein Handy, ein paar Euro oder eine Wegbeschreibung zur Polizei. War das schon zu viel verlangt? Sie redete ja keine fremde Sprache. Wenn sie nicht so fertig gewesen wäre, hätte sie sich mit der Vorstellung aufgemuntert, dass hier vielleicht ein Experiment mit einer versteckten Kamera durchgeführt wurde. Unter dem Motto: Wie lange dauerte es, bis Hanna durchdreht? Da waren so viele Leute um sie herum und keiner nahm sich ihrer an! Wahrscheinlich hätten die nicht einmal reagiert, wenn sie tot auf dem Boden gelegen hätte. Sie riss sich zusammen. Okay, sie war in einer großen Stadt, aber irgendwie würde sie es schon schaffen. Das konnte doch nicht so schwer sein, die Polizei zu finden. Sonst hingen die ja an jeder Ecke rum. Bestimmt kam bald ein Polizist daherspaziert, dann wäre sie gerettet. Stattdessen drängte sich eine japanische Reisegruppe an ihr vorbei. Bei denen musste sie es erst gar nicht versuchen. Das nächste Mal würde sie Herrn Rieser keine Sekunde aus den Augen lassen und sich widerstandslos vom öden Gelaber berieseln lassen. Ohne diese doofen Armreifen hätte sie die Klasse nicht verloren. Sie lief weiter und hielt die Augen offen nach dem Polizei-Schild. Was die anderen wohl machten? War Claudia in Panik? Oder war es ihr egal, dass sie verschwunden war? Vielleicht suchten sie in diesem Augenblick wie sie verzweifelt die nächste Polizeistation. Sie prüfte weitere Möglichkeiten: War der Bahnhof in der Nähe oder eine Kirche? Vielleicht gab es ja dort nette Leute, die ihr halfen und nicht gleich Reißaus nahmen. Ihr T-Shirt war so was von verschwitzt, aber das war ihr total egal. Sie wäre sogar freiwillig mit einer rosaroten Perücke rumgerannt, wenn sie dafür irgendwo ein bekanntes Gesicht erblickt hätte. Sie hatte das Gefühl, dass sie jedes Gebäude, an dem sie vorbeikam, zum allerersten Mal sah. Welchen Weg hatten sie denn vorhin genommen? In diesem Augenblick fiel ihr wohl das Blödeste ein, das einem in einer solchen Situation einfallen kann: Sie hatte vor ein paar Tagen mit Claudia einen Horrorfilm angeschaut. Dort war ein Mädchen auf dem Nachhauseweg gewesen und auf der Straße von einem wildfremden Typen angequatscht worden. Natürlich hatte es sich dabei um einen Psychopathen gehandelt, der … Nein, sie wollte jetzt wirklich nicht daran denken, sonst verlor sie definitiv den Verstand. Falls sie hier lebendig rauskam, wusste sie eines: Eine solche Situation war tausendmal schlimmer, als man es sich je vorstellen konnte.

»Hast du einen Euro?« Hanna hätte beinahe aufgeschrien, so sehr erschrak sie. Sie blickte direkt einer jungen Frau mit langen braunen Haaren ins Gesicht. Sie trug eine weiße Bluse und einen langen Rock. Sie hatte sie gar nicht kommen sehen. In der einen Hand baumelte ein Gitarrenkasten. »Einen Euro?«, hakte sie nach.

»Äh nein . . .«, stammelte Hanna.

»Schon okay. Schönen Tag noch!« Und weg war sie.

›Mist!‹, dachte sie. Das wäre ihre Chance gewesen. »Halt!«

Doch die Frau mit der Gitarre hörte sie nicht.

Sie ging ihr nach. »Hallo!«, rief sie etwas lauter. Die Unbekannte drehte sich um. Sie wusste nicht recht, wie sie beginnen sollte. »Ich habe ein Problem . . .«

»Das haben wir doch alle.« Es dauerte eine Weile, bis Hanna merkte, dass sie es als Witz gemeint hatte. Sie schien gespannt zu sein, weshalb sich Hanna an sie gewandt hatte. »Hast du doch einen Euro?«, fragte sie, da sie nichts sagte.

Sie schüttelte den Kopf: »Ich . . .« Dann erzählte sie, was passiert war, dass sie weder Geld noch Handy hatte, nicht wusste, wo der Bus abfuhr, dass sie fürchterlichen Durst hatte und keine Ahnung, wo sie sich befand – alles auf einen Punkt gebracht: dass sie fix und fertig war.

»Hinter dem Rathaus gibt es einen großen Parkplatz, wo viele Busse warten«, überlegte die Frau, »wahrscheinlich steigt ihr dort wieder ein. Oder willst du zur Polizei?«

Hanna zuckte mit den Schultern. Bei der Polizei hätte sie die ganze Story noch einmal erzählen müssen und dafür fehlte ihr jetzt die Energie. Die geklaute Tasche konnte warten, sie wollte jetzt einfach zu ihrer Klasse, im klimatisierten Bus sitzen und von Claudia oder sonst jemandem getröstet werden. Sie hatte echt genug von diesem Tag. Das Geld und das Handy waren eh weg, die konnte auch keine Polizei mehr zurückbringen, damit musste sie sich abfinden. Aber das war eigentlich ein kleines Problem. Viel wichtiger war, dass sie ihre Klasse wiederfand, bevor diese abfuhr.

»Kennst du den Weg?«

Hanna schüttelte den Kopf. »Ich bin zum ersten Mal hier und kenne die Stadt überhaupt nicht.«

Die Frau versprach, sie dorthin zu bringen.

»Du kannst mir auch einfach den Weg beschreiben«, meinte Hanna.

»Kommt gar nicht infrage. Dann verläufst du dich und irrst wieder herum. Das könnte ich mir nie verzeihen. Ich bring dich zum Parkplatz und falls der Bus nicht dort ist, überlegen wir uns etwas anderes. Keine Angst, wir werden schon eine Lösung finden.«

Hanna war so erleichtert, sie wäre ihr fast um den Hals gefallen. »Echt krass, wie abweisend die Leute drauf sind«, sagte sie noch immer baff, »die haben nicht einmal zugehört, was ich ihnen zu erzählen hatte. Alle sind gleich davongerannt, als hätte ich eine ansteckende Krankheit.«

Für ihre Retterin war das keine Überraschung: »Da habe ich schon Krasseres erlebt. Scheint sehr anstrengend zu sein, anderen helfen zu müssen.«

»Bist du denn von hier?«, erkundigte sich Hanna.

Die Frau schüttelte den Kopf. »Ich bin Musikstudentin aus Italien, ich verdiene mir im Sommer etwas Geld mit Straßenmusik. Aber bei dieser Hitze hat niemand Lust, zuzuhören. Und dementsprechend geben sie mir auch kein Geld.«

»Die Hitze ist tödlich«, bestätigte Hanna.

»Und was macht ihr bei diesem Wetter hier in der Stadt?«, wollte die Musikerin wissen.

Hanna verdrehte die Augen. »Das fragst du nachher am besten unseren Lehrer.«

7 | 12

Zum Siegen dabei

Hörte dieser Krach denn nie auf! Die Jungs in der WG über ihm schienen eine große Fete steigen zu lassen. Es war ja auch Freitagabend. Eigentlich wäre Tim ebenfalls unterwegs gewesen, aber morgen war der große Tag. Die Jungs im oberen Stockwerk konnten sich schon mal auf etwas gefasst machen. Morgen Abend würde *er* eine Party feiern, dagegen würde deren Fest alt aussehen. Aber jetzt musste er schlafen. Er drückte mit dem Kissen seine Ohren zu. Nach einiger Zeit gab er es auf und ging auf die Toilette. Seine Mutter schien zu schlafen. Aber er war hellwach. Seit drei Stunden wälzte er sich bereits im Bett hin und her. Es hätte schon Vormittag sein sollen oder noch besser Mittag. So lange hatte er diesem Tag entgegengefiebert. Er machte in der Küche das Licht an. Auf dem Tisch lagen die Luftballone. Die hatte er vergessen! Er hatte sie eigentlich schon gestern aufblasen wollen. Aber jetzt durfte er sich nicht überanstrengen, für die dreißig Ballone würde er mächtig Puste brauchen. Dann müssten die Gäste morgen bei der Dekoration mit anpacken. Dafür bekamen sie ja auch was Ordentliches zu trinken und zu futtern. Wie er all die Leute in die Wohnung bringen sollte, war ihm zwar noch ein Rätsel, aber irgendwie würde das schon gehen.

Er öffnete in seinem Zimmer kurz die Fenster. Frische Luft konnte nicht schaden. Er kroch wieder unter die Decke. Er musste morgen fit sein. Aber wie schlafen, wenn es im Bauch so furchtbar kribbelte? Und sich beim Einschlafen unter Druck zu setzen, half rein gar nichts, das hatte er schon in den Nächten vor wichtigen Prüfungen gelernt. Aber was machte er sich solche Gedanken? Es würde morgen ein großer Tag werden. Unter den Konkurrenten war keiner, der ihm das Wasser reichen konnte.

Er setzte seinen Laptop in Betrieb und gab die Homepage eines Online-Shops für Skater-Artikel ein. Dort wurde ein neues Skateboard angeboten, das einfach heiß aussah. Er hatte es schon mehrmals online angeschaut. Wenn er die Kohle gehabt hätte, hätte er es sich bereits besorgt. Aber es kostete eine Stange Geld. Doch mit dem Preisgeld von morgen würde er es sofort bestellen. Dieses Board hatte aus seinem Bekanntenkreis noch niemand.

Zehn Skater aus der ganzen Region starteten morgen bei diesem Contest. Das war ein ganz großes Ding. So was wie das Skater-Highlight des Jahres. Dort nahmen nur diejenigen teil, die im Vorfeld bei anderen Wettbewerben gesiegt hatten. Also die Crème de la Crème der Skater. Eigentlich nur was für Leute, die schon viele Jahre Skate-Erfahrung auf dem Buckel hatten. Dabei skatete Tim erst seit drei Jahren. Doch in dieser Zeit hatte er fast jede freie Minute auf dem Brett verbracht. Eigentlich hätte er schon früher entdecken müssen, dass er für das Skateboard geboren war. Etwas Genialeres als auf dem Board unterwegs zu sein, gab es nicht. Vielleicht schaffte er es ja sogar, in die Profiliga aufzusteigen. Das wäre das Größte. Dann musste er sich nicht mehr mit der Schule rumärgern und konnte den ganzen Tag mit seinem Board verbringen – das wäre ein Leben! Während er über seine Zukunft nachdachte, schlief er doch noch irgendwann ein.

Um sieben war er hellwach. Er drehte sich noch einmal um, aber an Schlaf war nicht mehr zu denken. Er zog die Jalousien nach oben. Draußen schien die Sonne. Laut Wetterbericht würde es heute nicht zu kalt und nicht zu warm werden – genau die richtigen Temperaturen. Profi der er war, hatte er auch die Windverhältnisse gecheckt.

»So früh schon wach?«, wunderte sich seine Mutter. Sie stellte ihm die Müslischale auf den Tisch.

»Konnte nicht länger schlafen.« Er hatte eigentlich gar keinen Appetit.

Seine Mutter trank mit großen Schlucken ihren Kaffee leer. »Deine beiden Cousinen kommen übrigens auch.«

»Cremig«, meinte Tim. Dann wäre wirklich fast seine ganze Familie anwesend.

»Wann musst du los?«

»In einer Stunde.« Er wollte früh genug dort sein.

»Hast du alles?«

Tim nickte.

Seine Mutter war ja noch aufgedrehter als er selbst. Sonst wechselte die am Morgen fast kein Wort. »Gibt es dort wirklich genug freie Parkplätze?«

»Ja, klar«, seufzte Tim genervt, »nur keine Panik.«

»Du hast seit Wochen von nichts anderem geredet ...«, meinte sie, »das macht einen nun mal nervös.« Sie schaute auf ihre Armbanduhr. »Ich muss gleich noch in die Stadt, Akkus für den Fotoapparat kaufen«, sagte sie, »der alte hält nicht mehr so lang.«

Tim nickte. »Sicher ist sicher.« Er hatte sie beauftragt, dass sie am Mittag alles fotografierte. Jede einzelne Bewegung. Sie sollte einfach alle paar Sekunden abdrücken und jede Szene einfangen, damit sie ja nichts verpasste. Die Fotos würde er dann in sein Facebook-Profil stellen. Da wären sicher alle total beeindruckt.

Er schlüpfte in das neue T-Shirt. Er hatte es gestern noch schnell gekauft. Es war auffällig rot. Er hatte an alles gedacht. Das würde heute die perfekte Performance werden. Aber das musste auch sein, bei den vielen Leuten, die kamen. Es wurden mehrere Hundert erwartet. Tim alleine hatte viele eingeladen: Seine Klasse, alle seine Freunde und Freundinnen, seine Familie. Niemand sollte den denkwürdigen Augenblick verpassen. Den anderen Jungs würden wahrscheinlich vor Neid die Augen aus dem Kopf fallen. Und bei den Mädels wäre er endgültig ganz hoch im Kurs. Er checkte kurz sein Facebook-Profil und tippte eine neue Statusmeldung ein: »Tim wird heute allen zeigen, wer der wahre King ist.« Er musste grinsen.

Sein Handy vibrierte. Richard. »Machst du dir schon in die Hosen?«, witzelte er.

Tim fand das gar nicht komisch. »Ich hab keine Zeit für solche Sachen. Ich muss mich konzentrieren.«

»Treffen wir uns gleich dort?«

Eigentlich wäre es ihm lieber gewesen, wenn Richard sich bis heute Nachmittag alleine beschäftigt hätte. Der schien den Ernst der Situation noch nicht begriffen zu haben. Das war auch der Grund, warum Richard heute Mittag auch nur

Zuschauer und nicht Teilnehmer war. Dabei fuhr er schon viel länger Skateboard als Tim.

Seine Mutter setzte ihn beim S-Bahnhof ab. »Ich sterbe fast vor Nervosität. Aber ich bin schon jetzt stolz auf dich!«

»Wird schon schiefgehen«, gab sich Tim gelassen, »ich bin ja bestens vorbereitet.«

»Wenn du noch was brauchst, ruf mich an.«

Er nickte. »Bis später. Und sei pünktlich.« Nicht, dass sie am Ende noch seine Performance verpasste und er keine Fotos vom großen Auftritt hatte.

Am Bahnsteig stellte er das Skateboard auf den Boden und kontrollierte seinen Rucksack: Helm, Knieschoner, Ellbogenschoner … Er hatte alles eingepackt.

»Hey!« Er sah hoch. Ein Typ stand neben ihm. Einen Kopf größer. Teurer Skater-Rucksack. »Du machst doch auch beim Contest mit?« Tim nickte zaghaft. Was wollte der von ihm? »Ich bin Alex. Bin die Startnummer eins.« Tim sah ihn genauer an. Stimmt, er kannte ihn vom Foto auf der Wettbewerbshomepage. »Wird eine heiße Sache heute«, sagte Alex, »freue mich schon auf die krassen Jumps. Wir haben sicher alle riesigen Spaß!«

Tim verzog keine Miene. Der Typ war ein Loser. Der tat ja so, als würden sie heute einen Kindergeburtstag feiern. Mit dieser Einstellung würde er nicht weit kommen. Er entschuldigte sich. »Sorry, aber ich muss mich konzentrieren. Wir sehen uns bestimmt nachher.«

Alex sah ihn verblüfft an. Er setzte an, überlegte es sich dann anders und sagte nur: »Okay, bis dann.«

Tim ging ans andere Ende des Bahnsteigs. Er wollte sich nicht von diesem Alex nerven lassen. Es war offensichtlich: Er war der Einzige, der es wirklich ernst nahm und den Sieg verdient hatte.

Der große Parkplatz, auf dem der Wettbewerb ausgetragen wurde, lag etwas außerhalb. Die Halfpipe war bereits vor ein paar Tagen aufgebaut worden, sodass die Teilnehmer die Chance hatten, sie vor dem Wettbewerb auszuprobieren. Tim nahm die blaue Halfpipe nochmals genauer unter die Lupe. Er kannte die Bahn in- und auswendig. Er war gestern den ganzen Nachmittag hier gewesen, war auf der Halfpipe herumgefahren oder hatte sie einfach nur studiert. Heute ging es auf dem Platz hektisch zu. Die Imbissstände wurden fertig aufgebaut, der Kommentator testete das Mikrofon und beim Anmeldetisch warteten bereits ein paar Skater. Die Fahnen der Sponsoren flatterten im Wind. Tim trug sich in die Teilnehmerliste ein und ließ sich die letzten Informationen geben: Wo sich die Garderoben befanden, wann er an der Reihe war, um welche Zeit die Rangverkündigung angesetzt war ...

»Wo stehen die Kameras?« Die beiden Mädels hinter dem Info-Stand sahen ihn überrascht an.

»Die Kameras, die das Ganze im Internet übertragen«, half er ihnen auf die Sprünge.

Eine der beiden zeigte zu einem Mast. »Dort oben. Sie ist direkt auf die Halfpipe gerichtet.«

»Die ganze Show wird ins Netz übertragen?«

Tim wusste sofort, von wem die Frage kam: Alex. Sein Blick wanderte beeindruckt zwischen den beiden Mädels und Tim hin und her.

»Ja«, meinte Tim genervt, »das stand ja in den Teilnahmebedingungen.«

»Dann darf man sich ja keinen Patzer erlauben, sonst ist man vor der ganzen Community blamiert.«

Tim war kurz davor, ihm eine zu scheuern. Leute mit einer solchen Amateureinstellung hatten hier wirklich nichts verloren. Er entfernte sich ein paar Meter. Wenn er erst in Rotterdam war, müsste er sich nicht mehr mit solchen Typen herumärgern. Dort waren nur Leute aus der ersten Liga. Keine Feierabend-Skater. Er warf seinen Rucksack auf den Boden und lehnte sich gegen einen der vielen Stehtische, die auf dem Parkplatz aufgebaut worden waren. Er war früh dran. Er nahm sein Handy und zog sich ein paar Videos rein, die Kumpels von ihm von seinen letzten Skate-Sessions aufgezeichnet hatten. Er hatte seinen Auftritt perfekt durchdacht.

Richard klopfte ihm auf die Schulter. »Alles klar?«

Tim nickte und steckte das Handy weg.

»Nervös?«

Tim schüttelte den Kopf. »Das wird klasse heute!« Er erzählte, wen er alles eingeladen hatte.

Richard staunte. »Jetzt darf es nur nicht schiefgehen, das wäre dann peinlicher, als wenn Britney Spears vor Millionenpublikum den Songtext vergisst.«

Tim warf Richard einen wütenden Blick zu. Hatte der Sand im Hirn? Er wusste doch, dass Tim das Board total im Griff hatte. »Wenn ich dann in Rotterdam antrete, chartern wir einen Bus«, versprach Tim mit einem breiten Grinsen.

Richard war baff. »Du denkst schon an Rotterdam?«

Dort fand in einem Monat die Europameisterschaft statt und der Sieger von heute qualifizierte sich dafür. Dort nahmen die zwanzig Besten aus verschiedenen europäischen Ländern teil. Bei dieser Veranstaltung gab es auch eine Menge Kohle zu gewinnen. Damit konnte man sich gleich mehrere Edel-Skateboards kaufen. Dagegen war das hier ein Klacks.

»Ich bin ja echt gespannt, was die anderen zu bieten haben«, sagte Richard.

Er ging Tim auf die Nerven. Der tat ja so, als

würde er sich heute einen Krimi reinziehen. »Ich bin nicht zum Spaß hier«, stellte er klar.

»Ach was«, meinte Richard, »es geht ja nicht um Leben oder Tod – ich würde einfach den Event genießen.«

Kein Wunder, dass Richard es mit dieser Einstellung auf keinen grünen Zweig brachte.

Zwei Jungs in ihrem Alter liefen an ihnen vorbei. Beide trugen ein Skateboard. Sie nickten sich zu.

»Die Konkurrenz ist heute ja nicht so groß«, sagte Tim.

Da musste ihm Richard recht geben. »Sei froh, dass Oliver nicht dabei ist.«

Oliver hatte als großer Favorit gegolten. Aber dann hatte er sich vor einem Monat den Fuß gebrochen. Mit den anderen würde es Tim locker aufnehmen können. Er erzählte Richard von der Begegnung mit Alex. »Der ist eine totale Pfeife.«

»Tim?«, rief jemand.

Die beiden Jungs schauten sich um. Ein etwa vierzigjähriger Mann kam auf sie zu. Trotz seines Alters trug er Skaterlook.

»Das ist doch Peter Zuller«, raunte Richard Tim zu, bevor Zuller in Hörweite war. Aber das hatte Tim schon selber gesehen.

»Schön, dich kennenzulernen«, meinte Zuller, »ich hab vor ein paar Tagen ein Video von dir gesehen – du hast es ja echt drauf.« Tim war baff.

»Freut mich, dass du heute auch dabei bist.« Er drückte Tim die Hand. »Viel Glück. Und wir sehen uns bestimmt später noch.« Die Szene hatte nicht einmal eine Minute gedauert.

»Wahnsinn«, sagte er zu seinem Kumpel, »hast du das gehört?«

»Der hat dich ja voll gelobt«, staunte Richard.

»Jetzt habe ich wirklich weiche Knie«, gab Tim zu, »ich hab gar nicht gewusst, dass der sich heute hier rumtreibt.«

»Der ist in der Jury.«

Tim sah Richard mit riesigen Augen an: »Woher hast du das?« Auf der Homepage war nämlich nichts zu finden, wie sich die Jury zusammensetzte.

»Hab vorher mitbekommen, wie zwei Leute darüber gesprochen haben«, erklärte Richard.

Zuller war die absolute Skater-Legende – der King! Früher war er der erfolgreichste Skater weit und breit gewesen und sogar in den USA bei Meisterschaften gestartet. Tim wusste, dass er zwar selber nicht mehr skatete, aber zahlreiche Skate-Events organisierte. Noch heute wurden in jedem Skater-Magazin andauernd Interviews mit ihm veröffentlicht. Von ihm gelobt zu werden, kam einem Ritterschlag gleich. Jetzt sagte Richard nichts mehr. Tim unterdrückte ein Grinsen. Hatte er nun endlich verstanden, was in ihm steckte! Er schloss für ein paar Sekunden die Augen. Das würde heute wirklich ein toller Tag werden. Er würde die Halfpipe erobern und Jumps vollführen, dass die anderen nur noch mit offenem Mund dastanden. Er konnte schon beinahe hören, wie die Leute ihm bei der Rangverkündung zujubelten und begeisterte Pfiffe ausstießen. Der Applaus würde kaum mehr enden ...

»Hat einer von euch kurz Zeit?« Tim fuhr zusammen. Ein Typ um die dreißig, weißes Hemd mit hochgekrempelten Ärmeln, Jeans, einen Schreibblock in der Hand, kam auf die beiden Jungs zu.

»Was gibt's?«, rief Tim. Der Mann war ein Journalist von der Stadtzeitung. Er wollte einen der Teilnehmer des Skater-Contests interviewen. Tim sprang auf. »Ich bin bereit.«

»Was ist es für ein Gefühl, bei diesem Wettbewerb mitzumachen?«

Tim musste nicht lange überlegen: »Einfach großartig.«

»Und welche Chancen rechnest du dir aus?«

Tim seufzte. »Ich bin bestens vorbereitet. Klar, es ist das erste Mal, dass ich bei einem so großen Ding mitmache. Aber ich hab schon Wettbewerbserfahrung.«

»Ein Sieg wäre also keine Überraschung?«

»Jeder, der mitmacht, will gewinnen und nur deshalb sind wir hier. Ich hab mich für den ersten Platz ins Zeug gelegt.«

Der Journalist bedankte sich und wünschte viel Erfolg.

»Tim!«, riefen zwei Mädchen im Chor.

Er sah sich um. Lena und Jacqueline. Sie winkten ihm aufgeregt zu. Sie lehnten gegen den Schutzzaun. Tim klemmte sein Skateboard unter den Arm und steuerte auf sie zu. Sie hatten sich aufgestylt. Mit ihnen musste er sich anschließend auch noch fotografieren lassen! Er begrüßte sie mit Wangenküsschen. »Schön, dass ihr gekommen seid.«

»Ist doch Ehrensache«, meinte Jacqueline, »diesen denkwürdigen Augenblick wollen wir nicht verpassen.«

Tim erzählte, dass er soeben von Zuller gelobt worden war. »Wenn der so was sagt, dann will das was heißen«, setzte Tim einen drauf, »so was sagt der nur zu Siegern.« Er lud sie zur Party ein, die anschließend bei ihm zu Hause stattfinden würde. »Das gibt eine riesige Fete!«

»Super«, rief Jacqueline, »da kommen wir gerne.«

Mittlerweile waren auch Tims Mutter und seine Großeltern und viele andere aus seiner Klasse eingetroffen. Sie waren alle gekommen. Auch ihnen erzählte er voller Stolz, was er vorhin erlebt hatte.

»Das ist ja Wahnsinn!«, freute sich seine Oma. Die Chancen hätten nicht besser sein können.

Er holte sich beim Imbiss einen Becher Wasser und leerte ihn in einem Zug.

Richard stand direkt neben der Halfpipe. Von dort hatte er alles bestens im Blick. »Toi, toi, toi«, rief er, als Tim an ihm vorbeiging. »Ich hab gehört, dass die anderen Jungs ganz schön Respekt vor dir haben.«

»Woher hast du das?«, wollte Tim wissen.

»Ich hab zwei Typen belauscht, die sich über ihre Chancen unterhalten haben.«

Tim öffnete seinen Rucksack und fing an, die Schutzkleidung überzuziehen. Er freute sich wirklich auf seinen Auftritt.

»Du musst auf jeden Fall alles filmen«, schärfte er seinem Kumpel ein, »das kann ich dann auch ins Internet laden.« Nach seinem Auftritt musste Richard unbedingt noch ein Foto von ihm und Zuller schießen. So was fehlte definitiv noch in seiner Sammlung.

Aus den Lautsprechern waren bereits die ersten Informationen des Kommentators zu hören. Er hieß das Publikum willkommen und betonte, dass es sich um einen wichtigen Wettbewerb handelte. »Der Sieger vertritt uns im Herbst in Rotterdam.« Dann wurden alle Teilnehmer gebeten, sich vor der Halfpipe nebeneinander aufzustellen. Ein Fotograf machte ein paar Fotos. Jacqueline knipste mit ihrem Handy. Tim starrte zum Siegerpodest, das ein paar Meter neben der Halfpipe stand. Wie cool musste das sein, dort oben zu stehen, während die anderen ihm zujubelten.

Dann ging es los. Tim war als Vierter an der Reihe. Er beobachtete, wie der erste Teilnehmer die Halfpipe hinunterbretterte. Alex war nicht schlecht. Besser, als Tim gedacht hatte. Doch dann machte er eine unglückliche Bewegung oben an der Kante der Halfpipe, das Brett entglitt ihm und er fiel hin. Ein Raunen ging durch das Publikum. Tim atmete auf. Er hatte schon befürchtet, der würde ihm ernsthaft Konkurrenz machen. Tim zog sich seinen Helm über. Endlich war er an der Reihe. Er kletterte zum Podest hinauf. Der Kommentator nannte seinen Namen und die Startnummer. Tim ließ währenddessen seinen Blick über das Publikum gleiten. Lena lächelte ihm aufmunternd zu. Seine Mutter sah sehr ernst aus. Richard nahm einen großen Schluck aus seinem Becher. Dann gab der Kommentator das Startzeichen. Auf der Jurytribüne saß Zuller und lehnte sich gespannt nach vorne. Tim atmete tief durch, dann legte er los. Es lief wie geplant. Sogar den Gegenwind hatte er richtig einkalkuliert. Hinunter ins Tal. Wieder hinauf. Eine Drehung. Er war ganz in seinem Element. Die Kamera war direkt auf die Halfpipe gerichtet und würde alles aufzeichnen. Er bemühte sich, einen relaxten Blick aufzulegen. Verkrampften Boardern fehlte das gewisse Etwas. Er drehte das Board und sprang auf die Kante und machte das gleich noch einmal. Die Leute applaudierten. Er hatte die Sache mit dem Gleichgewicht total im Griff.

Was dann geschah, konnte er sich im Nachhinein nicht so ganz erklären. Auf jeden Fall fühlte es sich so an, wie wenn der Computer plötzlich abstürzte und man rein gar nichts mehr machen konnte. Irgendwie musste er sich ein paar Millimeter zu weit nach vorne gelehnt haben. Und das gerade in diesem Augenblick, in dem er mit Karacho ins Tal hinunterbretterte. Dass das eine Katastrophe war, wusste er, lange bevor es die Juroren registrierten oder das Publikum es sah. Das Board entglitt ihm. Er flog durch die Luft und landete auf seinem Hintern. In Wahrheit hatte das vielleicht nur ein, zwei Sekunden gedauert, in seiner Wahrnehmung kam es ihm wie eine Stunde vor. Den Schmerz spürte er nicht, sein Blick war zu sehr auf das Board gerichtet, das nun noch ein paar Meter am anderen Ende der Halfpipe in die Höhe fuhr und kurze Zeit später von der Schwerkraft wieder nach unten gezogen wurde. Er streckte seinen Arm aus und hielt es fest. Es klatschten nur ein paar wenige. Er blickte zum Tisch hinüber, an dem die Jury saß. Die kritzelten etwas auf ihre Blätter und legten sie dann zur Seite. Zuller trank aus seinem Becher und blickte dann zu den wartenden Teilnehmern hinüber. Oben auf der Halfpipe machte sich schon der nächste Kandidat bereit. Tim verließ mit hängenden Schultern die Halfpipe.

»Alles easy«, meinte Richard, »das kann passieren.« Er klopfte Tim aufmunternd auf die Schultern. »Dabeisein ist alles.«

Tim sagte nichts. Was hätte er auch schon entgegnen sollen? Es lag alles auf der Hand.

»Ich hab es auf Band, willst du sehen?«

Er schüttelte den Kopf. Die Videoaufnahme konnte ihm gestohlen bleiben. Er hatte es vermasselt. Nicht, dass er sich zu wenig konzentriert hätte. Solche Fehler hätten dem erfahrensten Profi passieren können. Es hing von so vielen Faktoren ab, dass eine Performance auf der Halfpipe gelang. Aber hatte Zuller nicht gesagt, dass er ...

Der Kandidat, der nach ihm dran war, kriegte es gut hin. Zwar keine besonders waghalsigen Jumps, aber er hatte die Halfpipe vom Anfang bis zum Ende perfekt im Griff. Und er vollführte alles mit einer solchen Coolness, als wäre das Ganze für ihn ein Kinderspiel. So was wollten die Leute sehen. Als er fertig war, applaudierte das Publikum begeistert. Er wischte sich den Schweiß von der Stirn und grinste über beide Ohren. Er wusste, dass er bis jetzt der Beste gewesen war. Tim dachte an die Luftballone zu Hause. Die würde man nicht mehr aufblasen müssen. Zuller kletterte von der Tribüne herunter und klopfte dem

Skater auf die Schultern. Der Journalist, der Tim vorher interviewt hatte, war sofort zur Stelle und knipste wie verrückt den Typen mit Zuller zusammen ab.

8 | 12

Volle Einkaufstüten

Als es klingelte, wäre Lili beinahe der Lippenstift aus der Hand gefallen. Sie hätte nicht gedacht, dass Jasmin so früh hier aufkreuzte.

»Es hat geläutet! Es hat geläutet!«, trompete ihre kleine Schwester.

»Ja, war ja nicht zu überhören«, rief Lili genervt und konzentrierte sich wieder auf ihr Make-up. Ihre Schwester Emilie war heute ja wieder mal total überdreht. Dass man mit sechs Jahren so viel Energie hatte! Aber wenigstens lief heute nicht mehr dauernd die CD mit dieser singenden Biene. Davon hatte Lili schon Kopfweh bekommen. Jasmin und sie waren für zehn Uhr verabredet, jetzt war es nicht mal halb. Selber schuld, wenn sie vor der Tür warten musste. Jasmin wusste doch, dass Lili am Morgen immer etwas länger brauchte und gerade an einem Samstag sah sie keinen Grund, sich abzuhetzen. Gestern Abend waren sie mit ein paar Leuten aus ihrer Klasse bowlen gegangen und es war ziemlich spät geworden.

Emilie steckte ihren blonden Lockenkopf ins Badezimmer. »Da ist eine Frau.«

Lili seufzte. »Du hast die Tür geöffnet?« Warum konnte ihre Schwester nicht einfach in ihrem Zimmer bleiben und sich mit ihren Bilderbüchern beschäftigen? Sie marschierte zur Tür.

»Es ist doch erst halb ...« Der Rest des Satzes blieb ihr im Mund stecken. Ein unbekanntes Mädchen stand draußen.

»Hallo«, sagte sie, »deine Schwester hat aufgemacht.«

»Ich hab jemand anderen erwartet«, meinte Lili.

»Kein Problem, ich brauch nicht lange.« Sie hielt Lili eine Schachtel mit goldenen Ansteckern unter die Nase. Lili zählte mindestens zwanzig. »Ich verkaufe Anstecker für Straßenkinder in Rumänien. Fünf Euro das Stück. Als nächstes Projekt soll ein neues Kinderheim mit einer Schule gebaut werden. Mit deinem Kauf leistest du einen wichtigen Beitrag!« Sie sah Lili auffordernd an.

Diese knabberte an ihren Lippen. Sie hasste solche Situationen. Da kam sie sich immer so vor, als würde man ihr die Pistole auf die Brust setzen. Hätte ihre Schwester doch besser nicht die Tür geöffnet! Klar, die Kinder taten ihr schon leid. Aber es gab so viele tragische Geschichten auf dieser Welt. Da machte man sich am besten nicht zu viele Gedanken. Das führte sowieso zu nichts. »Sorry, aber ich habe kein Geld ...« Da ihr diese Antwort selber etwas knapp vorkam, fügte sie hinzu: »Ich bin Schülerin und verdiene nichts. Tut mir wirklich leid. Viel Erfolg noch!«

»Deine Eltern sind nicht da?«

Lili schüttelte den Kopf und schloss vorsichtig die Tür.

»Was wollte sie?«, fragte Emilie, als die Tür wieder zu war.

»Ach egal, nichts Wichtiges«, wimmelte Lili sie ab, »ich hab jetzt keine Zeit, ich muss mich fertig machen. Jasmin kommt gleich.« Sie rannte ins Badezimmer.

Aber Emilie hüpfte ihr hinterher. »Warum hat die Frau denn bei uns geklingelt?«

Lili verdrehte die Augen. »Kannst du mich einen Augenblick in Ruhe lassen, sonst werde ich nie fertig!« Doch ihre Schwester rührte sich nicht vom Fleck.

»Also gut. Das Mädchen wollte mir Anstecker verkaufen für Menschen, denen es nicht so gut geht.«

»Und warum hast du nichts gekauft?«

»Weil ich selber nicht viel Geld habe und mit dem bisschen Geld kann man die Welt auch nicht verbessern. Da sollten Menschen mit richtig viel Geld was spenden. Dann könnte man was bewirken.«

»Wie schlecht geht es denn diesen Menschen?«

»O Mann!«, entfuhr es Lili genervt. »Kannst du

nicht …« Den Rest des Satzes behielt sie für sich, eigentlich war es ja toll, dass Emilie so neugierig war und alles genau wissen wollte. Sie beugte sich zu ihr hinunter und meinte versöhnlich: »Ich erklär dir das ein anderes Mal genauer, okay? Jetzt brauche ich aber Ruhe, sonst schaffe ich es nicht mehr, bis Jasmin kommt.« Ihre Schwester war einverstanden.

Da klingelte es aber bereits wieder an der Tür. Wie der Blitz schoss ihre Schwester in den Flur hinaus. Lili beeilte sich. Die Lippen, dann nochmals die Wimpern und zuletzt machte sie sich mit dem Abdeckstift an einem Pickel zu schaffen.

Jasmins Stimme war zu hören. »Das ist aber eine Begrüßung. Wie geht es dir?« Was Emilie sagte, hörte Lili nicht. Sie warf einen letzten Blick in den Spiegel.

»Du bist früh«, rief Lili und kam zur Tür, um Jasmin zu umarmen.

»Hast du meine SMS nicht gekriegt?«

Lili runzelte die Stirn. Welche SMS? »Nein, was hast du denn geschrieben?«

»Dass ich es auf einen früheren Bus geschafft habe.«

»Keine Ahnung, mein Handy ist manchmal wirklich mysteriös.«

Jasmin sah müde aus. »Ich hab die ganze Nacht gechattet«, gestand sie, »es waren so interessante Leute online – sogar einer aus Sydney!«

Lili konnte Jasmins Leidenschaft für den Chat nicht nachvollziehen. So viele Stunden investierte sie, um mit irgendwelchen anderen Leuten aus den USA oder Australien zu kommunizieren.

Jasmin trug eine neue, violette Bluse. Auf der Höhe des Herzens prangerte ein goldener Anstecker.

»Wo hast du denn den aufgetrieben?«, wollte Lili wissen.

»Schön, nicht?«, meinte Jasmin lachend. »Als ich unten auf dem Lift gewartet habe, ist mir ein Mädchen über den Weg gelaufen, das Anstecker verkauft. Für arme Kinder in Rumänien.«

Lili verdrehte die Augen. »Ja, die war vorher auch bei uns.«

»Aber Lili hat nichts gekauft«, fügte Emilie hinzu, »sie hat kein Geld.«

»Blabla«, machte Lili, der ihre Schwester langsam auf die Nerven ging, »du wolltest doch noch das Bilderbuch fertig anschauen?« Sie zeigte auf die Uhr. »Wir müssen warten, bis meine Eltern zurück sind. Hast du schon gefrühstückt?«

Jasmin schnitt eine Grimasse. »Du weißt doch, dass ich morgens nichts runterkriege.«

Lili füllte zwei Gläser mit Orangenlimonade. »Hat dich das Geld nicht gereut? Fünf Euro sind ja nicht gerade wenig.«

Jasmin fingerte am Anstecker herum. »Ja, es

frisst schon ein Loch in meinen Geldbeutel. Nach unserer Shoppingtour bin ich wahrscheinlich bankrott. Aber mir tun die Straßenkinder leid.« Sie kramte in ihrer Tasche herum und brachte einen Prospekt zum Vorschein. »Die Organisation scheint gute Arbeit zu machen.«

»Das sagen doch alle«, erwiderte Lili, »dabei wollen die einem einfach möglichst viel Kohle abluchsen.«

»Keine Ahnung«, murmelte Jasmin, »aber das Mädchen hat mir erzählt, dass sie das in ihrer Freizeit macht – jeden Samstagvormittag. Und das auch bei Regen und Schnee. Fand ich echt speziell. Ich wäre wirklich zu bequem für so was. Aber jetzt erzähl, du hast wirklich zweihundertfünfzig Euro geschenkt bekommen, einfach so?«

Lili lachte. »Nein, nicht einfach so, aber meine Großeltern wollten mich belohnen, dass sich alle meine Noten im letzten Schuljahr so markant verbessert haben.«

Jasmin staunte. »Die sind ja wirklich großzügig. Und was machst du jetzt mit der ganzen Kohle?«

Lili lächelte. »Keine Ahnung, heute mal ordentlich shoppen. Ich brauche einige neue Sachen. Und dann sehen wir weiter.«

Endlich kamen Lilis Eltern zurück. Sie waren mit mehreren Einkaufstüten beladen. »Sorry, es war total viel Verkehr«, entschuldigte sich ihr Vater. »Samstags sollte man einfach nicht in den Supermarkt.«

»Wir ziehen gleich los«, meinte Lili und schlüpfte in ihre Schuhe.

»Kauft keinen Quatsch«, schärfte ihre Mutter ihr ein.

»Jaja«, murmelte Lili bloß. Es war schließlich ihr Geld. Die beiden Mädchen überprüften nochmals im Badezimmer ihr Make-up, dann machten sie sich auf den Weg in die Fußgängerzone.

»Du hast es gestern total im Griff gehabt«, sagte Jasmin.

»Anfängerglück«, spielte Lili das Ganze herunter, »ich hätte nicht gedacht, dass Bowling solchen Spaß macht. Da müssen wir bald wieder hin!«

Jasmin nickte. »Ich hab mich selten so amüsiert.«

»Aber du kannst dir gar nicht vorstellen, wie ich mich auf heute gefreut habe«, gestand Lili, »ich war schon viel zu lange nicht mehr auf Shoppingtour.« Schon im ersten Klamotten-Shop landete sie einen Volltreffer: Vier T-Shirts gefielen ihr ausgezeichnet, drei weitere fand sie schön, aber sie standen ihr nicht, und dann entdeckte sie auch noch einen Gürtel.

»Der kostet vierzig Euro!«, raunte ihr Jasmin zu. Das war eine Stange Geld.

Lili überlegte. »Nein, der gefällt mir, den nehme ich mit.«

Jasmin half ihr, die Sachen zur Kasse zu tragen. Die Verkäuferin scannte alles ein. Als der Gesamtbetrag auf dem Display angezeigt wurde, warfen sich die beiden Freundinnen beeindruckte Blicke zu. So viel Geld hatten die beiden noch nie in einem einzigen Geschäft ausgegeben.

»Weiter geht's«, meinte Lili, sie war gut gelaunt. Shoppen machte Spaß. Sofort steuerten sie auf den nächsten Shop zu. »Für das weiße T-Shirt brauche ich unbedingt noch eine andere Jeans«, überlegte sie.

»Ich würde es mal mit einer schwarzen Hose probieren«, meinte Jasmin. Die beiden Mädchen klatschten sich ab. Jasmin war die ideale Shopping-Partnerin.

Zwei Stunden später saßen sie in einem Café und löffelten den Milchschaum von ihren Cappuccinos. Auf dem Boden lagen Dutzende Tüten von den verschiedensten Geschäften. Zwei oder drei davon gehörten Jasmin. Zuletzt waren sie noch in einem Drogeriemarkt gewesen und hatten ein neues Parfüm und einige Lippenstifte gekauft.

Jasmin war total glücklich mit ihrem rosa Lipgloss. »Du weißt gar nicht, wie lange ich genau diesen Farbton gesucht habe.«

Lili freute sich am meisten über die Jeans, auf deren Rückseite Pailletten aufgedruckt waren.

»Deine Eltern haben dir echt totale Freiheiten

gelassen, was du mit dem Geld anstellst?«, erkundigte sich Jasmin.

Lili grinste. »Die wollten, dass ich das auf mein Sparkonto einzahle. Aber Oma und Opa haben gemeint, dass ich mir das Geld verdient habe und damit machen soll, was ich für richtig halte. Das mussten meine Eltern einfach schlucken.« Lili stellte die beiden leeren Tassen auf das Tablett. »So, und jetzt gehen wir noch schnell CDs anschauen, ich hab gestern im Fernsehen den Clip von einem neuen Sänger aus England gesehen«, erzählte sie, »der ist total süß!«

Als sie zu Hause ankamen, waren sie fix und fertig. Sie ließen die Tüten auf den Boden fallen. »Ich komm mir vor, als hätte ich eine fünfstündige Wanderung hinter mir«, stöhne Jasmin. Lili zog sofort ihre Schuhe aus.

Beim Anblick der vielen Tüten fielen ihrer Mutter beinahe die Augen aus dem Kopf. »Was habt ihr denn angestellt?«

»Es gab so viele tolle Klamotten«, erklärte Lili, »und es war echt schwierig, sich zu entscheiden.«

»Brauchst du denn überhaupt so viele Sachen?«

Wieder mal typisch Mama! Die hatte von Shoppen keine Ahnung. »Ich kann ja nicht jeden Tag dasselbe anziehen«, wehrte sich Lili, »und es sind alles Dinge, die man braucht.«

Ihre Mutter sah nicht überzeugt aus, aber sagte nichts mehr. Lili zog den Gürtel aus der Plastiktüte. Der Kassenzettel glitt auf den Boden. Ihre Mutter hob ihn auf.

»Der Gürtel sieht wirklich klasse aus«, sagte Lili zu Jasmin.

»Vierzig Euro für einen Gürtel?« Lilis Mutter war total baff.

»Ja, ist halt von einem Label«, erklärte Lili, »aber er sieht wirklich spitzenmäßig aus.«

»Ich fand ihn auch teuer«, pflichtete Jasmin Lilis Mutter bei, »aber er hat ihr so gut gefallen.«

Bevor ihre Mutter weiter darauf herumreiten konnte, schnitt Lili ein neues Thema an: »Wo sind die anderen beiden?«

»Papa ist mit Emilie in den Zoo.« Die beiden Mädchen warfen sich einen angeödeten Blick zu. Für einen Zoobesuch hätten sie sich wirklich nicht erwärmen können.

Lilis Handy vibrierte. Eine SMS. »Was?« Ungläubig sah sie auf das Display. »Eine SMS von dir!«

»Das kann aber nicht sein«, rief Jasmin und riss ihr das Handy aus den Händen, »mein Handy schreibt doch nicht selbstständig SMS.« Sie las die Nachricht. »Das ist ja der Text, den ich dir heute Vormittag geschickt habe.«

»Echt schräg, jetzt nützt das auch nichts mehr«, murmelte Lili und löschte die Nachricht. Eine Fehlermeldung. Sie versuchte es nochmals. Aber es funktionierte noch immer nicht. »Was …«, setzte sie an. Warum ging die Löschfunktion nicht mehr? Dann wurde das Display schwarz. »Jetzt hat es den Geist aufgegeben.«

»Vielleicht ist der Akku leer?«, mischte sich ihre Mutter ein. Lili flitzte in ihr Zimmer und holte das Kabel. Sie stöpselte es in der Küche ein.

»Was hast du denn da für einen Anstecker?« Jasmin nahm ihren Anstecker ab und reichte ihn Lilis Mutter.

»Den hab ich heute gekauft.« Sie erzählte von der Begegnung mit dem Mädchen.

»Ich bin so müde«, stöhnte Lili, »ich glaube, ich gehe heute schon um sechs Uhr ins Bett.«

Jasmin lachte. »Das nächste Mal zieh ich bequemere Schuhe an«, sagte sie, »und die schweren Sachen kaufen wir erst am Schluss, dann müssen wir uns weniger abschleppen.«

Sie machten es sich vor dem Fernseher bequem und schalteten einen Musikkanal ein. Sie waren zu müde, um miteinander zu quatschen oder die neuen Schminkutensilien zu testen. Irgendwie war das berauschende Gefühl von vorhin weg.

Als Papa und ihre Schwester auftauchten, versuchte Lili noch einmal das Handy einzuschalten. Aber sosehr sie auch drückte, es passierte nichts.

»Wie lange hast du das Gerät denn schon?«, wollte Jasmin wissen.

»Keine Ahnung, etwas über zwei Jahre.« Es war schon ein etwas älteres Modell. Aber Lili fand es noch immer hip. Und sie hatte es schon so oft fallen lassen. Einmal war es sogar in die Badewanne geplumpst. Aber außer ein paar Kratzern auf der Hülle hatte es nie einen Schaden davongetragen. Sie erzählte ihrem Vater, was passiert war. Der wusste in Sachen elektronische Dinge besser Bescheid. Aber auch er fand nicht heraus, was dem Telefon fehlte.

»Vielleicht kann man dir in einem Handy-Shop weiterhelfen«, sagte Jasmin. Sie wollte langsam aufbrechen. Sie raffte ihre Sachen zusammen. »Wir sind heute Abend bei meiner Tante zum Essen eingeladen.«

»Ich hoffe, das Handy funktioniert bald wieder«, sagte Lili, »sonst können wir uns ja gar keine Nachrichten mehr schreiben.«

»Aber war 'ne witzige Shoppingtour«, schwärmte Jasmin, bevor die Lifttüren sich schlossen, »müssen wir bald wieder einmal machen!«

Lili brachte die Tüten in ihr Zimmer. Dort packte sie sie aus und legte alles nebeneinander auf das Bett. Das war wirklich eine Menge. Hoffentlich funktionierte ihr Handy bloß gleich wieder, sie wollte ein Foto von ihren Einkäufen machen.

Ihr Vater drängte sie zur Eile. »Wenn du noch vor Ladenschluss dort sein willst, müssen wir uns beeilen!«

Mit dem Auto war es bis zum Handy-Shop ein Katzensprung. Lili hielt das Handy fest in den Händen. Obwohl sie wusste, dass es sinnlos war, versuchte sie doch, es einzuschalten. Sie nahm sogar den Akku heraus und setzte ihn wieder ein. Doch es half alles nichts. Das war nicht fair! Sie hatte das Handy in letzter Zeit gar nie fallen lassen. Sie sah keinen Grund, weshalb es gerade heute einen Kollaps erlitten hatte.

»Ich hoffe wirklich, die bringen das Telefon wieder zum Laufen«, murmelte Lili. Sie dachte an all die SMS und Fotos, die sie auf dem Gerät gespeichert hatte. Hoffentlich konnte man wenigstens die retten! Da waren einige wichtige Erinnerungsstücke darunter.

Zum Glück war der Shop noch geöffnet. Eine junge Verkäuferin sah sich das Handy an. Lilis Vater erzählte, was passiert war.

»Sieht ganz danach aus, dass es total hinüber ist – ein Altersschaden«, folgerte die Verkäuferin.

»Was?«, entfuhr es Lili. »Aber es hat doch sonst noch einwandfrei funktioniert.«

»Tja, aber das kann manchmal ganz schnell gehen. Ich könnte das Modell einschicken und von den Experten durchchecken lassen, aber das kostet nur und die Chance ist sehr gering, dass sie es wieder zum Laufen kriegen. Das Modell ist schon alt.« Sie zeigte auf den Glastresen, der vor ihr stand. »Es gibt viele neue Modelle – soll ich euch ein paar zeigen?«

Lili hätte am liebsten auf den Boden gestampft. Sie wollte kein neues Handy, sie wollte, dass ihr altes wieder funktionierte! Sie musterte die Preisschilder. Die kosteten aber alle eine Stange Geld.

»Mit Abo bekommst du die fast geschenkt«, pries die Verkäuferin ihre Handys an.

Lili wollte kein Abo, sie hatte bisher immer über Karten telefoniert. Ein Abonnement würde viel zu teuer kommen.

Ihr Vater wurde ungeduldig. »Was sollen wir machen?«

Wenn sie das gewusst hätte! Sie brauchte ein Handy, das war klar. Aber selbst wenn sie sich für das günstige Modell entschied, wäre sie bankrott. Sie rechnete im Kopf aus, wie viel von den zweihundertfünfzig Euro nach der großen Shoppingtour noch übrig geblieben war. Nur noch ein kleiner Bruchteil. Nach dem Kauf des neuen Handys wäre sie praktisch auf null.

»Wir können auch nächste Woche nochmals reinschauen«, schlug ihr Vater vor, »dann kannst du es dir in Ruhe überlegen.«

Nein, dann müsste sie ein paar Tage lang ohne Handy auskommen. Das wäre eine Katastrophe. Ein Handy gehörte doch zur Grundausstattung.

Sie nahm die Modelle genauer unter die Lupe und entschied sich dann für ein Handy mit schwarzem Gehäuse. Die Verkäuferin erklärte ihr die wichtigsten Funktionen. Natürlich konnte man mit dem noch viel mehr machen als mit ihrem alten. Aber die Freude hielt sich trotzdem in Grenzen.

»Soll ich gleich deine SIM-Karte in das neue Handy stecken?«, bot die Verkäuferin an.

Lili nickte.

Als sie im Auto saßen, schickte sie sofort eine SMS an Jasmin. Sie brauchte länger als sonst, die Tasten waren total ungewohnt und sie entdeckte auch nicht sofort die Sende-Taste.

»Ihr wart heute groß Shoppen, hat Mama erzählt«, versuchte ihr Vater ein Gespräch in Gang zu setzen.

»Ja, waren wir«, blieb sie kurz angebunden. Sie hatte keinen Bock auf Small Talk. Sie drehte am Autoradio und zappte durch die Sender. Ihre Laune war im Keller. Es nervte sie, dass das ganze Geld weg war. Diese unnötige Anschaffung hätte wirklich nicht sein müssen. Klar, irgendwann hätte sie ein neues Handy gebraucht. Aber nach ihrem Plan in etwa zwölf Monaten. Wenn sie heute nur halb so viel gekauft hätte, wäre sie jetzt nicht bankrott. Das nächste Taschengeld von ihren Eltern gab es erst am 1. des neuen Monats – also noch vierzehn Tage warten. Und sie konnte wohl kaum ihre Eltern um einen Vorschuss oder Oma und Opa um Unterstützung bitten. Die hätten sie für verrückt erklärt. Der Tag hätte wirklich anders enden können. Eigentlich hatte sie heute Abend in ihrem Zimmer für sich Modeschau spielen und alle neuen Klamotten anprobieren wollen. Aber irgendwie war ihr die Lust darauf vergangen. Die Sache mit dem Handy war wirklich ärgerlich. Wenn es wenigstens schon heute Morgen den Geist aufgegeben hätte, dann hätte sie sich finanziell darauf einrichten können. Krass, wie schnell zweihundertfünfzig Euro flöten gingen, und sie hatte sich dafür in der Schule so ins Zeug gelegt.

9 | 12

Eine Menge Ideen

»Komm! Oder willst du weiterfahren?«, rief Jonas in den Bus herein.

Fabian kam kaum aus dem Sitz hoch. Er hatte gerade wieder so gemütlich gedöst. Die anderen standen im Freien, der Busfahrer war schon kurz davor, auf die Hupe zu drücken. Fabian verließ als Letzter den Bus.

»Zu wenig gepennt?«, fragte Jonas.

»Es ist einfach zu früh!«, stöhnte Fabian. Manchmal war es verdammt schwierig, die Augen offen zu halten. »Konnte mich gestern nicht vom PC losreißen.« Wenn man mal auf YouTube war, war es nicht leicht, zu einem Ende zu kommen. Man entdeckte immer wieder neue Videos, die man schon lange nicht mehr gesehen hatte, und ehe man sich's versah, war es schon nach Mitternacht.

Gähnend schritt er neben Jonas auf das Schulhaus zu. Die Silhouette dieses Gebäudes ging ihm schon jetzt auf die Nerven. Und dabei hatte das Schuljahr erst begonnen! Er hatte nicht mal genug Mut, die Wochen bis zu den nächsten Ferien auszurechnen. Das Resultat wäre wohl sehr deprimierend gewesen. An der Eingangstür des Schulhauses hing ein neues Plakat. Alle, die aufs Schulhaus zusteuerten, blieben kurz davor stehen und überflogen den Text, der in roten Buchstaben auf das weiße Plakat gedruckt war. Fabian war zu müde, um sich dafür zu interessieren. Sein Körper lief noch immer auf Autopilot. Wahrscheinlich eh nur Werbung für ein Sportturnier, bei dem er sowieso nicht mitmachen würde. Mit Sport konnte man ihn jagen. Er wollte sich am Plakat vorbeidrängeln, aber Jonas hielt ihn zurück. »Lies doch mal.«

»Lass mich in Ruhe«, maulte Fabian. Er wollte einfach ins Klassenzimmer, sich auf seinen Stuhl fallen lassen und vor sich hin dösen. Zum Glück stand zuerst Erdkunde auf dem Programm. Die Lehrerin rief ihn nie auf. Da konnte er auf seinem Platz ganz hinten träumen, so viel er wollte.

»Übermorgen ist die Wahl der neuen Klassensprecher«, klärte Jonas ihn auf, während sie den Flur entlangliefen, »das wäre doch etwas für dich.«

Fabian drückte den erhobenen Zeigefinger an die Lippen. »Kannst du einen Gang runterschalten? Es ist noch nicht einmal acht.«

Sie waren die Letzten. Die anderen saßen schon auf ihren Plätzen und hatten das Schulzeug vor sich ausgebreitet. Fabian schloss alle Fenster.

Eines nach dem anderen. Ein paar protestierten, doch er ging nicht darauf ein. So früh am Morgen brauchte er es kuschelig warm. Kühle Luft war da einfach unangenehm. Jonas erzählte etwas von einer Comedy-Sendung, die er gestern gesehen hatte. Fabian kriegte es nur so halb mit. Er zog sich die Kapuze seines Sweaters über den Kopf und legte sich auf den Tisch. Plötzlich wurde mit einem lauten Knall etwas neben seinen Kopf geknallt. Er fuhr hoch.

»Spinnst du . . .«, setzte er an, doch dann sah er, dass Nicole vor ihm stand. Auf dem Tisch lag sein Matheheft.

»Tausend Dank. Ohne dich wäre ich heute noch nicht fertig mit den Aufgaben.« Sie lächelte ihn an und ging zu ihrem Platz nach vorne.

Jonas gab Fabian einen Klaps auf die Schulter. »Aber fürs Flirten bist du wach genug.«

Fabian wollte gerade lauthals widersprechen, da betrat Frau Koch das Zimmer. Nach der Begrüßung zeigte sie auf Fabians Kapuze. »Bitte runter.« Mit einer genervten Grimasse riss er sie herunter.

»Wahrscheinlich habt ihr es vorher schon gelesen, das Plakat ist ja kaum zu übersehen. Die Wahl für die neuen Klassensprecher steht an.«

»War ich nicht gut genug?«, rief Marcel mit gespielter Empörung und trommelte sich mit den Fäusten auf die Brust. Einige lachten. Marcel war ein Jahr lang Klassensprecher gewesen, besser gesagt, er hatte so getan als ob. Im letzten Jahr hatte er sich um den Job gerissen und alle überredet, ja ihn zu wählen. Er hatte sogar einen Wahlspruch auf die Wandtafel gekritzelt. Sie hatten ihn eigentlich von Anfang an nicht ernst genommen, aber zugetraut, dass er mit seiner großen Klappe etwas bewirkte, hatten sie ihm doch. Wenn jemand das Zeug hatte, dem Direktor und den Lehrern die Meinung zu sagen, dann war er das. Im Nachhinein konnten er und die ganze Klasse froh sein, dass er nur zum Klassensprecher und nicht zum Politiker gewählt worden war. Das hätte eine schöne Katastrophe gegeben! Marcel hatte so ziemlich alles vermasselt, was man vermasseln konnte. In der Schülerorganisation hatten sie ihn nicht ernst genommen, weil er die Treffen immer verpasste oder ganz schräge Ideen präsentierte. Die Stimmung in der Klasse war das ganze Jahr unter dem Gefrierpunkt gewesen und Marcel hatte es nicht geschafft, zwischen zwei zerstrittenen Cliquen zu vermitteln. Und nach einem halben Jahr als Klassensprecher hatte er sowieso die Lust an seiner Aufgabe verloren. Er hatte rumposaunt, dass er sich nun »zurückziehen« wollte und nicht mehr »für das Amt zur Verfügung stand«. Fabian hatte das einfach nur peinlich gefunden. War ja eindeutig, dass Marcel versagt hatte und mit seiner großen Klappe von der Pleite ablenken wollte. Mit großen Worten um sich werfen, darin war Marcel wirklich gut.

»Ich finde das sehr komisch«, meinte Frau Koch, »von Marcels Fähigkeiten konnten wir uns ja in den vergangenen Monaten überzeugen.« Wieder lachten ein paar. Die Lehrerin bat um Ruhe.

Nicole meldete sich. »Braucht es überhaupt einen Klassensprecher?«

»Auf jeden Fall!«, erwiderte Frau Koch wie aus der Pistole geschossen. »Hast du das Plakat nicht gelesen?« Sie beschrieb die Aufgaben detailliert: Der Klassensprecher vertrat die Anliegen der Schüler gegenüber den Lehrern und dem Direktor, er war für organisatorische Dinge verantwortlich und er war Mitglied des Schülerrats. »Je nach Interessen kann man da natürlich noch viele andere Dinge machen. Ziel ist es, ein Angebot für die Schüler zu schaffen.« Frau Koch sah auf die Uhr. »Ich will nicht zu viel Zeit dafür verlieren, wir haben heute noch einiges zu erledigen.« Sie nahm einen Schnellhefter aus ihrer Ledermappe. »Aber damit ich mich darauf einstellen kann: Kann sich jemand vorstellen, sich für die Wahl zur Verfügung zu stellen?« Niemand reagierte. Frau Koch wartete einige Augenblicke. »Na gut«, seufzte sie, »ihr habt ja noch etwas Zeit. Vielleicht überlegt es sich jemand bis morgen.«

»Und wenn nicht?«, fragte Nicole.

Frau Koch quittierte die Frage mit einem energischen Kopfschütteln. »So weit wird es nicht kommen. Das wäre wirklich traurig. Im Notfall müsste noch einmal Marcel ...«

»Keine Zeit!«, rief dieser sofort. »Unmöglich.«

Frau Koch nickte. »Ihr habt es gehört. Und nachdem es Marcel ein Jahr lang gemacht hat, soll das Amt nun wirklich jemand anderes übernehmen.« Dann verteilte sie ein Blatt, auf dem die Landkarte von Brasilien abgedruckt war. Das Thema war für sie damit vorläufig vom Tisch.

»Wer soll sich da schon melden?«, meinte Fabian, als sie das Schulhaus verließen. Er zog sich die Kapuze über. Zum Glück war die Sportstunde ausgefallen. Das Plakat war bereits verkritzelt worden. Jemand hatte mit einem Kugelschreiber ein Comic-Männchen draufgemalt und eine Sprechblase mit den Worten: »Ich bin doch nicht blöd!« Fabian musste grinsen. Treffender hätte man das nicht sagen können. Jonas schaltete sein Handy ein. Er ließ Fabian weiterreden. »Ist doch eine doofe Aufgabe – du bist für alles verantwortlich und es springt nichts dabei raus.«

»Man wird von ein paar Stunden befreit«, korrigierte ihn sein Freund.

»Blabla«, antwortete Fabian, »das ist zwei-, dreimal im Jahr. Was ist das schon?« Bei den vielen Stunden, die man sonst in dieses Amt investierte! Das war schon mehr als ein größeres Hobby.

»Ja, und ein paar Samstage musst du auch dafür opfern«, fügte Jonas hinzu, »aber das ist doch nicht der Rede wert. Man kann ja noch am Sonntag ausschlafen.«

Fabian lachte. »Dann kannst *du* ja den Job übernehmen, wenn es so wenig Aufwand ist.«

»Nur über meine Leiche. Du weißt doch, was für skurrile Gestalten in der Schülerorganisation rumhängen.«

Wohl nur Streber und Besserwisser. Angeblich wurde gewünscht, dass man als Klassensprecher eigene Ideen einbrachte – aber dass diese dann auch umgesetzt wurden, brauchte man nicht zu erwarten. Marcel hatte oft genug mitgeteilt, dass die Schülerorganisation eine lahme Truppe war, die viel diskutierte und überlegte, aber dann wenig bis gar nichts in die Tat umsetzte. Und meistens war das wenige total langweilig und interessierte keinen. Okay, Marcel war ein Meister im Übertreiben, aber ganz aus der Luft gegriffen war das Ganze sicher nicht. Warum sich also den Arsch aufreißen? Dieser Job bereitete einem nur Probleme. Da musste man schon aus besonderem Holz gemacht sein, um an dieser Freak-Show Spaß zu haben.

»Kommst du heute Abend zu mir? Wir haben schon lange nicht mehr miteinander gegamet.«

Jonas schüttelte den Kopf. »Heute Abend muss ich meinem Bruder helfen, seine Wohnung zu streichen«, sagte er, »der hat nicht das Händchen dafür und ich schaff das mit links.« Sie waren beim Zebrastreifen angekommen.

»Ich geh noch kurz in die Kebab-Bude«, sagte Jonas, »bist du dabei?«

Fabian hatte keinen Hunger.

»Also bis morgen.«

An der Bushaltestelle wartete Nicole. Sonst weit und breit niemand zu sehen. »Überlegst du es dir?«

Fabian runzelte die Stirn. Was meinte sie?

»Klassensprecher«, half sie ihm auf die Sprünge.

Fabian machte eine wegwerfende Bewegung. Er hatte ihr doch schon deutlich genug gesagt, dass er keinen Bock darauf hatte.

»Ach komm«, ließ Nicole nicht locker, »wer soll es sonst machen?«

Fabian zeigte auf sie. »Du wärst genauso geeignet.«

Sie lachte. »Danke für das Kompliment. Aber ich muss mich schon so in der Schule anstrengen, dass ich es packe. Das frisst mir meine ganze Freizeit weg. Da kann ich mir nicht noch was Zusätzliches aufhalsen.«

Sie war felsenfest davon überzeugt, dass Fabian der Richtige war – der Einzige, der überhaupt infrage kam. »Du hast Ideen, du bist ruhig, aber du hast trotzdem deine eigene Meinung, alle vertrauen dir und du kannst gut zuhören – was will man mehr?«

Beinahe wäre Fabian rot geworden. Er war es nicht gewohnt, so gelobt zu werden, und dann noch von einem Mädchen!

»Ach was«, gab er sich relaxt, »das hat doch jeder drauf. Ist ja wirklich nichts Außergewöhnliches.«

»Du weißt genau, dass das nicht stimmt«, ließ sich Nicole nicht abwimmeln.

Fabian wusste nicht, was er darauf erwidern sollte. Deshalb zuckte er einfach mit den Achseln.

Nicole lächelte. »Eins zu null für mich.«

Fabian blieb nichts anderes übrig, als zurückzulächeln. Nervös fingerte er an seiner Kapuze herum. Er war froh, dass er in der Ferne seinen Bus auftauchen sah. Nicole musste in eine andere Richtung.

»Die Klasse würde dich bestimmt einstimmig wählen«, setzte Nicole noch einen drauf, als die Bustüren aufgingen.

Fabian setzte sich auf einen der vordersten Plätze. Ob sie recht hatte? Er hatte sich darüber noch gar keine Gedanken gemacht. Klar, er kam mit den anderen nicht schlecht aus – egal ob Jungs oder Mädchen, aber er war jetzt auch nicht tonangebend oder die große Entertainment-Kanone wie Marcel.

»Denk darüber nach«, schärfte Nicole ihm noch ein, bevor sie sich in ihren voll besetzten Bus quetschte. Er winkte ihr, als er an ihr vorbeifuhr.

Letztes Jahr waren Ideen gesucht worden für die Klassenfahrt. Er hatte angeregt, in einer Berghütte zu übernachten. Die anderen hatten den Vorschlag total langweilig gefunden. Er hätte noch andere Ideen gehabt, aber da war ihm die Lust vergangen, sie den anderen zu erzählen. Die wussten eh immer alles besser. Als Klassensprecher wäre das genau dasselbe: Man brachte Ideen ein und die anderen zerrissen sie innerhalb weniger Augenblicke oder bastelten so daran herum, dass es am Schluss gar nichts mehr mit der eigenen Idee zu tun hatte. Er hätte schon genügend Dinge für neue Projekte im Kopf, aber solche Reibereien konnten ihm echt gestohlen bleiben. Da hielt er besser seine Klappe und machte es sich bequem. Und was konnte man schon als Einzelner bewegen, wenn die Mehrheit anderer Meinung war oder alles besser wusste? Da schwamm man ja ständig gegen den Strom. Er konnte mit seiner Freizeit was Besseres anfangen.

Zu Hause nahm er eine Tafel Schokolade aus dem Küchenschrank. Davon hätte er mehrere am Tag verdrücken können. Seine Mutter telefonierte gerade. Während er Stück für Stück abbrach und in den Mund steckte, starrte er aus dem Fenster. Die Sache mit dem Klassensprecher ging ihm nicht aus dem Kopf. Das, was Frau Koch gesagt hatte, war Schrott, aber das Gespräch mit Nicole hatte ihn beeindruckt. Vielleicht hatte sie es nur gesagt, damit man am Ende nicht sie fragte. Aber vielleicht war sie wirklich davon überzeugt, dass er der Richtige war.

Seine Mutter kam ihn die Küche und legte das Telefon auf den Tisch. »Wie war dein Tag?«

Er zuckte mit den Schultern. »Ganz okay.« Er erzählte von der Klassensprecherwahl.

»Und die haben dich gefragt?«

Seine Mutter war beeindruckt. »Das ist aber eine Ehre.«

Fabian verdrehte die Augen. »Sagt jeder. Die sind einfach froh, wenn es irgendjemand macht.«

»Spielt ja eigentlich keine Rolle«, meinte seine Mutter, »das ist eine Chance!«

»Ich habe keine Lust darauf«, blockte er ab, »da hat man nur eine Menge Arbeit und Ärger und nichts kommt dabei heraus.«

»Wenn jeder so denken würde, wären wir wohl noch immer in der Steinzeit.«

Fabian ließ das letzte Stück Schokolade auf seiner Zunge zergehen.

158

»Ist doch das Gleiche wie bei meiner Seniorengruppe.« Seine Mutter war seit zwei Jahren Leiterin einer Gruppe, die Anlässe für Senioren organisierte.

»Das kannst du nicht vergleichen«, widersprach Fabian, »deine Leute freuen sich doch total auf die Veranstaltungen. Das ist so was wie das Highlight in ihrem Alltag.«

»Aber für mich ist das auch nicht immer ein Zuckerschlecken«, hielt seine Mutter fest, »die anderen beiden Leiterinnen und ich kriegen uns schon mal in die Haare. Manchmal war ich auch schon kurz davor, alles hinzuschmeißen.«

»Aber trotzdem …«, setzte Fabian an, verstummte dann aber. Es waren zwei verschiedene Paar Schuhe. »Ich muss Aufgaben machen«, sagte er, »bis später.« Er rannte die Treppe hinunter ins Untergeschoss. Dort war sein Reich. Er hatte lange darum kämpfen müssen, in den ehemaligen Hobbyraum zu ziehen. Aber es war hier definitiv viel gemütlicher als oben. Und er war total ungestört.

»Denk darüber nach!«, rief seine Mutter von oben, ehe er die Tür hinter sich zumachte.

Wenn es nach ihm gegangen wäre, hätte er das ganze Zimmer nur mit Möbeln vom Trödler eingerichtet. Er fand solche Sachen phänomenal. Aber seine Mutter hatte protestiert. Sie hatte nur den alten Bürostuhl akzeptiert. Er startete seinen Computer. In seiner Mailbox nur drei Spam-

Mails. Er checkte die Homepage seiner Lieblingsband. Kein neuer Blogeintrag. Dann surfte er zu einer Suchmaschine und gab das Wort KLASSENSPRECHER ein. Der erste Treffer war eine kurze Definition. Dies entsprach in etwa dem, was Frau Koch heute erzählt hatte und auch auf dem Plakat gestanden hatte. Der Klassensprecher hatte auch die Aufgabe, bei Problemen innerhalb der Klasse zu vermitteln. Auch das hatte Marcel gar nicht im Griff gehabt. Der hätte eher selber einen gebraucht, der zwischen ihm und der Klasse vermittelte.

Fabian warf sich aufs Bett. Einfach vor sich hin zu träumen, war doch immer noch das Schönste. Das hätte er tagelang machen können. Ob die anderen Klassensprecher wirklich so öde drauf waren, wie Marcel behauptete? Vielleicht wurden in diesem Jahr in den anderen Klassen ein paar coole Leute zu Klassensprechern gewählt? In Fabians Klasse wäre der Klassensprecher zunächst wohl damit beschäftigt, die dicke Luft zwischen den beiden Mädchencliquen abzubauen. Und da war Isabel. Die war die totale Außenseiterin. Die gehörte keiner der beiden Gruppen an. Dann gab es noch Roman. Der war dieses Jahr neu in ihre Klasse gekommen und hatte irgendwie noch nicht so den Anschluss gefunden. Irgendwie reizte Fabian dieser Job schon. Nachdem es Marcel im vergangenen Jahr total vergeigt hatte, waren die Erwartungen auch nicht besonders hoch. Er könnte das Ganze locker angehen. Wenn er ehrlich war, hatte er einige Dinge im Kopf, die er in der Schule gerne umsetzen würde. Zum Beispiel eine eigene Homepage für die Schüler, auf der man sich miteinander austauschen konnte. Die offizielle Schulhomepage war dafür viel zu seriös. Und das jährliche Schulfest gehörte auch mal revolutioniert – ein fetzigeres Motto, bessere Musik – am besten live statt immer nur diese unbegabten DJs. Es wurde an seine Tür geklopft.

»Ja?«

Seine Mutter kam herein und hielt ihm einen Brief unter die Nase. »Der war heute in der Post.«

Die Informationen vom Schwimmklub, die er vor einigen Wochen angefordert hatte. Er hatte gar nicht mehr damit gerechnet, dass die kamen. Es waren alle Trainingsdaten für das kommende halbe Jahr abgedruckt. Zwei Trainings in der Woche, manchmal sogar drei. Er betrachtete seine Oberarme. Er war in den Ferien sehr oft und lange geschwommen. Aber sein Körper hatte sich nicht groß verändert. Wahrscheinlich wäre auch der Effekt eines regelmäßigen Trainings im Hallenbad minimal. Eventuell würde es Jahre dauern, bis er einen so muskulösen Körper hatte wie einige der Jungs aus seiner Klasse. Und machte ihm das Schwimmen wirklich genug Spaß, dass er so viel Zeit dafür investieren wollte? Er streckte sich. Am liebsten hätte er seine Freizeit einfach nur im Bett verbracht.

Er checkte im Messenger, wer von seinen Freunden online war. In diesem Moment blinkte ein neues Fenster. Nicole hatte ihm einen Link geschickt. Er öffnete ihn. Auf dem Bildschirm baute sich die Homepage eines Jugendmagazins auf. Es war ein Interview mit einer erfolgreichen Nachwuchsruderin. Fabian überflog den Text. Sie erzählte, wie sie es geschafft hatte, so erfolgreich zu werden, und was ihr das Rudern bedeutete. Er kapierte nicht ganz, was Nicole damit bezwecken wollte. Er kannte die Ruderin nicht und sie war auch nicht aus ihrer Region. Er schrieb ihr eine Nachricht.

Sie antwortete innerhalb von Sekunden: »Die hat etwas aus ihrem Talent gemacht.« Die Nachricht endete mit einem Smiley. Nicole ließ wirklich nicht locker. Wenn die ein Talent hatte, dann war es ihre Hartnäckigkeit! Schon blinkte die nächste Nachricht auf. »Hast du es geschnallt?«

Fabian gab ein JA ein. Aber man konnte doch nicht die Ruderin mit dem Amt des Klassensprechers vergleichen – sie ruderte, weil sie es gerne tat und damit Karriere machen wollte.

»Es bringt dir und der Klasse was«, schrieb Nicole, »es profitieren alle davon!«

Fabian erzählte, dass er eigentlich dem Schwimmklub beitreten wollte.

»Warum das?«

Den wahren Grund musste sie nicht wissen. »Ich schwimme gerne«, tippte er ein.

Nicole ließ sich nicht für dumm verkaufen. »Das glaube ich dir nicht. Das ist jetzt eine Ausrede, die dir sehr gelegen kommt.«

Fabian lehnte sich seufzend zurück. Die war ja echt tough!

Nicole fuhr fort, ihn zuzutexten: »Wenn es sich jeder so bequem machen würde, dann . . .«

»Dann was?«, hämmerte Fabian in die Tastatur.

Jetzt brauchte Nicole zum ersten Mal etwas mehr Zeit, bis sie die Antwort eingetippt hatte. »Dann gäbe es keine erfolgreichen Sportler, keine Rapper, keine Mode ... Wenn man etwas macht, muss man sich immer gegen Widerstände behaupten.«

Dem konnte er nicht widersprechen. Doch es war schon ein Unterschied, ob man ein eigenes Modelabel aufbaute oder Klassensprecher war.

Nicole akzeptierte das nicht. »Ich glaube, du hast einfach zu wenig Mumm.«

Das konnte er nicht auf sich sitzen lassen. »Das hat damit gar nichts zu tun.«

»Jaja . . .«

»Es ist so«, aber noch während er tippte, war er sich bewusst, dass dies nicht stimmte. War es wirklich, dass er keine Lust hatte oder doch Respekt vor der Aufgabe? Auch wenn Marcel versagt hatte, erwarteten die Leute doch einiges von ihm. Wie zum Beispiel Nicole. »Warum traust du mir das zu?«, spielte er den Ball zurück.

»Weil ich glaube, dass du das kannst. Du hast das drauf. Im letzten Schuljahr hast du das doch auch so gut hingekriegt in Mathe. Ohne dich würde uns der Irre immer noch so viel Hausaufgaben aufbrummen.«

»Ach was, das war nur Glück.« Ihr Mathelehrer hatte ihnen jedes Mal total viele Aufgaben gegeben. Da hatte man täglich mehrere Stunden dafür investieren müssen. Alle hatten gestöhnt, bis Fabian es eines Tages nicht mehr ausgehalten und die Initiative ergriffen hatte. Er hatte Herrn Schäfer erklärt, dass die Hausaufgaben viele in der Klasse überforderten. Herr Schäfer war überrascht gewesen und alles andere als begeistert, aber seitdem war die Arbeit zu bewältigen.

»Du warst der Einzige, der so mutig war, es ihm zu sagen. Und dazu noch mit den richtigen Worten. Marcel hätte das sicher vergeigt.«

»Schmeichlerin.«

»Das war ehrlich gemeint«, beharrte Nicole, »ich find dich spitze.«

Jetzt wurde Fabian rot. Zum Glück war die Webcam nicht eingeschaltet. »Man sollte sein Talent nicht verschwenden. Denkst du bis morgen darüber nach?«

Fabian versprach es ihr.

Nicole verabschiedete sich. Ihre Nachhilfelehrerin war soeben eingetroffen. »Bis morgen! Und enttäusch mich nicht.«

Fabian musste grinsen. Dass ihm im vergangenen Schuljahr gar nicht aufgefallen war, wie cool Nicole drauf war.

Fabian surfte ziellos im Internet herum. Auf einer News-Seite stand, dass eine junge, erfolgreiche US-Schauspielerin schon wieder in der Ausnüchterungszelle gelandet war. Die Filmproduzenten befürchteten, dass sie ihr Schauspieltalent mit Alkohol und anderen Drogen noch vollends zerstöre. Fabian hatte kürzlich einen Film mit ihr gesehen. Sie hatte ihm nicht schlecht gefallen. Er überflog die anderen News. Doch er war total aufgewühlt und gar nicht in Stimmung, um etwas zu lesen. Er drehte sich ein paarmal auf seinem Bürostuhl. Am liebsten hätte er jetzt Jonas angerufen. Aber der hätte ihn sicher nur ausgelacht, wenn er ihm vom Chat mit Nicole erzählte. Er sah sich ein Video auf YouTube an und drehte die Lautstärke seiner Boxen ganz nach oben. Nein, er brauchte jetzt frische Luft. Er holte sein Bike aus der Garage und fuhr los. Was hatte er schon zu verlieren? Wenn er als Klassensprecher versagte, dann war es halt eben so. Aber deshalb ging die Welt nicht unter. Ob es klappte, wusste man im

Voraus nie. Und er hatte wirklich Ideen, die er umsetzen wollte. Vielleicht konnte er ja in der Schule ein paar neue Dinge auf die Beine stellen.

10 | 12

Knapp verpasst

Alina rannte die Treppe hinunter. Sie war viel zu spät dran. Wenn wenigstens der Lift gleich gekommen wäre. Nach drei Minuten hatte sie sich für die Treppe entschieden. Sie hatte nicht riskieren wollen, noch länger auf ihn zu warten. Am Ende hätte das noch zehn Minuten gedauert und das hätte sie sich nicht leisten können. Ihre Turnschuhe berührten kaum die Stufen, in so schnellem Tempo düste sie nach unten. Endlich war sie im Erdgeschoss, sie riss die Glastür auf und sprang ins Freie. Kalte Luft wehte ihr ins Gesicht. Sie rannte die Straße hinunter. Hoffentlich hatte sie in der Hektik nichts in der Garderobe vergessen. Sie tastete in der Hosentasche nach ihrem Handy. Das war zum Glück dabei. Sie war schon jetzt außer Atem. Sie hechtete über die Straße, bog in die kleine Gasse ein, die zum Marktplatz führte. Nach ihrer Armbanduhr blieb ihr jetzt noch genau eine Minute. Das war zu schaffen. Sie beschleunigte ihr Tempo noch ein bisschen. Ihr Herz klopfte wie verrückt. Wenn sie es bloß schaffte! Sie hätte ein paar Minuten früher gehen müssen. Ein schwarzes Auto fuhr an ihr vorbei. Die Fahrerin winkte ihr. Erst als der Wagen an ihr vorbeigerauscht war, kapierte sie, dass sie die Frau kannte. Der Bus war jetzt in ihrem Blickfeld. Es saßen nur ein paar wenige Leute drin. Sie aktivierte die letzten Kraftreserven. »Das schaffst du!«, redete sie sich ein. Noch etwa zehn Meter. Dafür brauchte man nur ein paar Sekunden. Sie kriegte fast keine Luft mehr. In diesem Moment fuhr der Bus los.

»Halt!«, schrie sie und winkte. Doch niemand schien es bemerkt zu haben. Der Bus bog um die Ecke. Warum drehte sich niemand nach ihr um und machte den Fahrer darauf aufmerksam, dass sie auch noch mitwollte? Sie rannte noch ein paar Meter hinterher. »Stopp!« Aber dann kapitulierte sie. »Scheiße«, stieß sie hervor und ging in die Knie. Von dem Sprint war ihr übel geworden. Der Bus wurde immer kleiner, bis er komplett in der Ferne verschwand. Das war wirklich haarscharf gewesen! Sie checkte die Armbanduhr. Warum hatte der Bus nicht eine halbe Minute warten können? Sonst hatte er doch auch andauernd Verspätung. Was sollte sie jetzt nur machen? Das war der letzte Bus gewesen. Der nächste fuhr, soweit sie wusste, erst wieder morgen früh um fünf. Mit einem letzten Funken Hoffnung schaute sie auf der Fahrplantafel nach. Aber dort warteten auch keine besseren Aussichten auf sie. Kein Bus bis morgen früh. Wäre sie doch nur eine Minute früher gegangen. Annett, die Tanzlehrerin, hatte sowieso nur noch ein paar belanglose Sachen erzählt. Der doofe Lift. Wenn er auf ihrem Stockwerk gewartet hätte, hätte sie es bestimmt noch geschafft. Aber das änderte auch nichts mehr an der Situation. Sie stand jetzt auf dem leeren Marktplatz. Es war dunkel. Kurz nach zehn Uhr. Und sie hatte den letzten Bus verpasst. Wenn sie zu Fuß ging, wäre sie wohl gute drei Stunden unterwegs, vielleicht auch länger. Sie war noch nie von hier nach Hause gelaufen. Zudem war sie schon jetzt erschöpft vom Tanztraining. In der Aufregung kam ihr als Erstes Gabriela in den Sinn. Sie wählte ihre Nummer.

»Eine Katastrophe!«, legte Alina sofort los. Stockend erzählte sie, was passiert war. »Ich habe ein Riesenproblem. Was soll ich jetzt machen?«

Gabriela riet ihr, sich erst einmal zu beruhigen. »Ruf einfach deine Eltern an, die kommen dich bestimmt abholen«, meinte sie.

»Geht nicht. Die sind heute Abend beim Chef meines Vaters zum Essen eingeladen. Die werden wahnsinnig, wenn ich bei ihnen anrufe ...«

Gabriela gab ihr recht. »Wie wäre es mit einem Taxi?«

Daran hatte sie noch gar nicht gedacht. »Aber das wird doch viel zu teuer«, überlegte sie, »und ich hab eh fast kein Geld dabei.«

Am besten lief sie ins Tanzstudio zurück. Vielleicht erwischte sie dort noch jemanden.

»Das ist eine gute Idee«, meinte Gabriela, »beeil dich, sonst sind alle weg.«

Sie lief wieder schnell. »Ich bin schon ganz verschwitzt von der Hetzerei vorhin«, berichtete sie ihrer Freundin. Ihr fiel Maria ein, die vorher an ihr vorbeigerast war. Sie erzählte ihrer Freundin davon. »Die hätte den Bus überholen können, so hätte ich es bis zur nächsten Haltestelle geschafft.« Maria besuchte wie sie den Kurs im Tanzstudio. »Ich leg jetzt besser auf, bevor ich den Akku leer telefoniere.« Hoffentlich waren nicht alle so fluchtartig wie Maria nach Hause gedüst. Annett, die Tanzlehrerin, war bestimmt noch dort.

Im Gebäude, in dem das Tanzstudio untergebracht war, brannte kein Licht mehr. Es befand sich im dritten Stock eines Geschäftsgebäudes. Im Erdgeschoss war ein Copyshop, er machte bereits um achtzehn Uhr zu, in den anderen Etagen waren Büros. Alina betätigte mehrmals die Klingel. Aber niemand reagierte. Alle weg. Das war ja echt doof. Sie klopfte gegen die Glastür. »Hallo?«, rief sie. Vielleicht steckte Annett doch noch irgendwo im Gebäude. Der Kurs war ja nicht einmal vor zwanzig Minuten zu Ende gegangen. Dass die sich alle so schnell aus dem Staub gemacht hatten! Wenn sie bloß einen Schlüssel gehabt hätte, dann hätte sie im Tanzstudio übernachten können. Dort hätte es sogar Matten gegeben. Und irgendwo hätte sie sicher noch eine Decke aufgestöbert. Sie lief um das verlassene Gebäude herum und hielt nach einem offenen Fenster Ausschau. In den Filmen waren doch auch immer irgendwelche Fenster gekippt oder nur angelehnt. Aber hier war definitiv alles dicht, als würde es sich um einen Hochsicherheitstrakt handeln. Irgendwann gab sie es auf und setzte sich vor die Eingangstür auf die Treppe. Was nun? Die Nächte waren noch zu kühl, im Freien konnte sie nicht übernachten. Da wäre sie bis morgen erfroren. Ihre Eltern kehrten bestimmt erst nach Mitternacht nach Hause zurück. Allein so lange hier zu warten, wäre tödlich. Und bis die Eltern schließlich hier waren, würde es nochmals eine halbe Ewigkeit dauern. Sie probierte es wieder bei Gabriela.

»Das ist ja doof«, sagte sie nur, »was willst du jetzt machen?«

Das hätte Alina eigentlich gerne von Gabriela erfahren. Sie hatte doch sonst immer so bombige Einfälle auf Lager. Die Eltern konnte sie definitiv nicht anrufen. Wie sah das vor Dads Chef aus? Sie bat Gabriela, im Internet zu checken, ob nicht doch noch irgendein Bus in ihre Richtung fuhr. Es war doch nicht mal elf Uhr.

»Muss zuerst meinen Laptop hochfahren, bei

der lahmen Kiste wird es eine Weile dauern«, erklärte Gabriela.

Zehn Minuten später rief sie zurück. »Nichts. Rein gar nichts. Aber ich habe eine Idee. Hast du von jemandem aus deinem Kurs die Telefonnummer?«

Dumme Frage. Alina war erst seit drei Wochen in diesem Kurs. Sie hatte sich noch mit niemandem angefreundet. Alle Teilnehmer waren ein Stück älter als sie. Die wohnten schon alleine, studierten oder hatten bereits einen tollen Job. Eine war sogar schon verheiratet. Von den meisten wusste sie nur den Vornamen.

»Hast du die Nummer von deiner Tanzlehrerin?«

»Von Annett?« Alina hatte sie noch nie angerufen. »Moment mal.« Sie fingerte in ihrem Rucksack herum. Sie hatten heute den Plan mit den nächsten Kursdaten bekommen. Dort stand sicher irgendwo noch eine Telefonnummer drauf. Sie klemmte das Handy zwischen Wange und Schulter. »Einen Augenblick ...« Sie wühlte zwischen den Tanzschuhen, dem verschwitzten T-Shirt und vielen anderen Dingen, die sie mit sich rumschleppte. Endlich bekam sie das Blatt zu fassen. Sie faltete es auseinander. »Und was soll ich ihr sagen? Dass ich den Bus verpasst habe?«

»Genau.«

»Und was weiter?«

Gabriela seufzte. »Ob sie dich nicht nach Hause bringen kann. Die hat doch sicher ein Auto?«

»Aber die wohnt doch ganz woanders.« So viel Alina wusste, am anderen Ende der Stadt.

»Das spielt keine Rolle«, meinte Gabriela, »mit dem Auto ist es ein Katzensprung.«

Annett war etwa zehn Jahre älter. Zusammen mit einer Freundin hatte sie die Tanzschule vor ein paar Jahren gegründet. Das hatte Alina auf der Homepage der Schule gelesen.

»Ich komm mir blöd vor, dort anzurufen. Ich meine, so gut kenne ich sie ja nicht. Sie ist ja nur meine Tanzlehrerin und das auch erst seit drei Wochen. Wir haben noch kaum ein Wort miteinander gewechselt.« Das wenige, das sie über sie wusste, hatte sie in der Vorstellungsrunde erfahren, als alle kurz etwas über sich und ihre Motivation, im Kurs mitzumachen, erzählt hatten.

»Wenn sie dich nicht fahren will, bestellt sie dir vielleicht ein Taxi und schießt das Geld vor«, überlegte Gabriela, »das würde doch auch schon reichen. Oder muss ich für dich anrufen?«

Nein, das auf keinen Fall, das wäre ja total peinlich. Dann könnte sie sich nie mehr in der Tanzschule blicken lassen.

»Je mehr Zeit verstreicht, desto geringer wird die Chance, dass sie noch wach und in der Nähe ist.«

Da hatte Gabriela durchaus recht.

»Probier es einfach«, meinte Gabriela, »mehr als Nein sagen kann sie auch nicht.«

»Aber die findet mich sicher total doof ...«

»Warum? Kann doch jedem passieren, dass er den letzten Bus verpasst. Und wenn sie Nein sagt, wissen wir, dass sie dämlich ist.«

Gabriela hatte manchmal wirklich eine merkwürdige Logik.

»Ich drück dir die Daumen«, sagte sie, »und gib mir nachher gleich Bescheid, ob es geklappt hat.«

»Deine Eltern können mich auch nicht abholen ...«, erkundigte sich Alina.

»Papa hat heute Probe mit dem Musikverein und ist mit dem Auto weg. Bis der zurück ist, kann es spät werden.«

»Da bleibt mir nichts anderes übrig«, sagte Alina nur, »bis später.«

Sie atmete tief durch und tippte dann Annetts Nummer ein. Die Leitung war frei. Doch Annett ging nicht ran. Stattdessen ihre Stimme vom Band. »Hey, hier ist Annett – aber nur vom Band – wenn du was zu sagen hast, sag es jetzt aufs Band – tschüss!«

Alina schluckte, sollte sie jetzt eine Nachricht hinterlassen? »Hallo, hier ist Alina – die Alina aus dem Tanzkurs von heute Abend – du weißt schon wer?« Sie suchte nach den richtigen Worten. »Ich habe ein Problem, ich hab den Bus verpasst und

weiß nicht, wie ich nach Hause … ach, egal, vielleicht hörst du die Nachricht erst morgen ab. Ich
werde schon eine Lösung finden. Bis bald.« Sie
legte auf. Peinlich, was Dooferes hätte sie wohl
nicht sagen können. Annett lachte sich bestimmt
tot, wenn sie die Nachricht zu Ohren bekam. Sie
hatte wie ein kleines unsicheres Mädchen ge-
klungen, das kein Wort herausbrachte. Sie hatte
sogar gestottert.

Mit Annetts Hilfe brauchte sie auf jeden Fall
nicht zu rechnen. Wahrscheinlich hörte die ihre
Mailbox erst am nächsten Tag wieder ab. Sie
musste sich etwas anderes einfallen lassen. Gab
es denn sonst niemanden, den sie anrufen konnte? Sie ging nochmals im Kopf alle Leute durch,
die sie kannte.

Das Handy klingelte. Auf dem Display eine
Nummer, die sie nicht abgespeichert hatte.

»Du hast mich angerufen?« Annett! Sie war
kaum zu verstehen, die Musik im Hintergrund
dröhnte laut.

»Ja, ich hab dir aufs Band gesprochen«, sagte
Alina, »du hast es sicher schon gehört …«

»Was? Ich verstehe dich fast nicht!«

Da sie nicht sicher war, ob Annett die Mailbox
abgehört hatte, erzählte Alina, was passiert war.

»O Mann!«, rief Annett. »Das ist aber auch ein
Pech!« Sie bat Alina um einen Augenblick Ge-
duld. Der Krach im Hintergrund wurde lauter. Es

hörte sich nach einer Bar an, die ziemlich überfüllt war. Verschiedene Stimmen, die durcheinanderredeten, hin und wieder lautes Lachen und dazu die laute Musik. »So, jetzt bin ich schnell raus auf die Straße«, sagte Annett, »da drinnen versteht man ja kein Wort.«

Alina wiederholte, was sie vorher erzählt hatte. »Bist du in der Nähe?«, erkundigte sich Alina.

Annett nannte eine Bar, von der Alina noch nie gehört hatte. »Das ist etwa zehn Minuten mit dem Auto von der Tanzschule entfernt.«

»Kannst du mir Geld für ein Taxi leihen?«, fragte Alina.

»Du willst per Taxi nach Hause fahren? Das kostet sicher ein Vermögen! Wie viele Kilometer sind das denn?«

»Eine Menge, aber egal«, meinte sie, »sonst gehe ich halt zu Fuß, es regnet ja nicht.«

»Aber es ist stockfinster!«, entgegnete Annett. »Das ist doch viel zu gefährlich. Nein, das kann ich nicht verantworten. Und bis du zu Hause bist, bist du ein Eisklotz.« Annett dachte nach. »Du bist jetzt noch bei der Schule? Warte dort, ich bin in ein paar Minuten bei dir.«

Alina schritt vor dem Gebäude auf und ab. Annett hatte wahrscheinlich nicht begriffen, dass Alina so weit draußen wohnte. Wie sie wohl darauf reagierte? Es waren zwei verschiedene Dinge, jemanden in einen anderen Stadtteil oder in ein kleines Kaff draußen auf dem Land zu fahren. Sie hielt Gabriela mit einer SMS auf dem Laufenden. Gabriela antwortete sofort: HAB ICH'S DOCH GESAGT!

Hm, noch war ihr Problem nicht gelöst. Aber es war schon mal besser, als mutterseelenallein hier rumzustehen. Wie viel würde das Taxi wohl kosten? Sie konnte es kaum erwarten, bis sie in einem Jahr endlich die Fahrprüfung für einen Roller machen konnte. Wenn man so abgelegen wohnte, war man ohne Roller oder Auto total verloren.

Ein gelber Sportwagen blieb vor der Tanzschule stehen. Der Wagen hatte immer an dieser Stelle gestanden, als sie in den Tanzkurs ging. Die Lichthupe wurde zwei Mal betätigt.

»Sorry, es ging nicht schneller«, rief Annett, als sie herauskletterte, »ich musste mich von allen verabschieden. Die wollten mich kaum gehen lassen.« Sie deutete mit einem Kopfnicken zum Gebäude, in dem sich die Tanzschule befand. »Zum Glück war ich noch in der Nähe. Normalerweise fahre ich gleich nach Hause und falle erschöpft ins Bett. Aber heute hat eine gute Freundin Geburtstag und uns in eine Bar zu einer kleinen Feier eingeladen.«

O nein, jetzt hatte sie Annett die Feier verdorben. Wie sollte sie das nur wiedergutmachen? »Danke, dass du gekommen bist.«

»Ach, das ist doch selbstverständlich. Wohin musst du?«

Alina nannte das Dorf.

Annett riss die Augen auf. »Das ist ja total auf dem Land.«

»Ja, ich weiß ...«, sagte Alina schnell. Ihr war das Herz in die Hose gerutscht. Sie hätte Annett doch nicht anrufen sollen! Jetzt fühlte sie sich bestimmt hinters Licht geführt. Aber sie hätte es ja eigentlich schon am Telefon sagen können.

»Zu Fuß hättest du das nie geschafft.« Sie zeigte zum Auto. »Steig schon mal ein, ich hole noch schnell ein paar Unterlagen im Büro.«

»Du ... willst mich fahren?«

Annett lachte. »Ja, was sonst? Es fährt dich ja niemand anderes, oder?«

»Ja, aber ... du wohnst ganz woanders.«

»Egal, ich kann dich doch nicht einfach deinem Schicksal überlassen. Also, ich bin gleich zurück.« Mit schnellen Schritten verschwand sie im Gebäude.

Alina setzte sich auf den Beifahrersitz und schnallte sich an. Annett hatte das Radio angelassen. Ein Song von James Blunt. Sie beobachtete, wie im Gang und anschließend im dritten Stock das Licht anging.

Ein paar Minuten später war Annett zurück, sie ließ einen Ordner auf den Rücksitz fallen und machte die Musik aus. »Bin ein großer Fan von dem«, erzählte sie, »letztes Jahr war ich auf einem Konzert von ihm.« Sie schnallte sich an. »Dann wollen wir mal. Ist eh schon spät. Hast du deine Eltern angerufen und gesagt, dass es später wird?«

»Die sind bei einem Essen.«

Annett bog auf die Straße ein. Eine Weile sagten sie nichts.

»Nett, dass du mich fährst«, meinte Alina, »sorry, wenn ich dir den Abend verdorben habe.«

»Ach was, ich war heute sowieso nicht in Feierlaune.«

»Ich habe lange überlegt, ob ich dich anrufen soll«, begann Alina.

»Aber warum denn? Bin ich so eine Hexe?«

Alina lachte. »Nein, aber ... Ich meine, du bist ja nur meine Tanzlehrerin. Wir kennen uns noch kaum. Da kann man doch nicht erwarten, dass ...«

»Da hättest du dir nichts denken müssen«, meinte Annett, »fragen kostet doch nichts. Was habe ich in meinem Leben schon viele Menschen um Hilfe gebeten! Die Tanzschule würde es ohne das wahrscheinlich gar nicht geben. Da waren eine Menge Menschen, die mir geholfen haben, weil ich sie einfach gefragt habe. Und viele Leute tun einem doch gerne einen kleinen Gefallen.«

»Aber immer klappt das auch nicht ...«

Das konnte Annett nicht abstreiten. »Selbst

wenn, wegen einer Absage bricht man sich ja kein Bein. Dann fragst du eben den Nächsten. Manche Leute sind hinterher sogar eingeschnappt oder können es nicht verstehen, dass man sie nicht gefragt hat.«

»Dafür braucht es trotzdem Mut.«

»Vielleicht, keine Ahnung, meine Eltern haben mir das so beigebracht. Ich denke mir einfach nicht viel dabei.«

»Mich kostet das eine riesige Überwindung«, gestand Alina.

»Du darfst dir einfach nicht zu viele Gedanken machen«, riet Annett. Sie wechselte das Thema: »Und wie gefällt es dir bei uns?«

»Toller Kurs! Die Leute sind zwar alle älter, aber man lernt wirklich viel. Und du bringst uns geniale Schritte bei.«

Annett nickte. »Vielleicht sollte ich mal einen Kurs speziell für Jugendliche machen. Das wäre für dich sicher auch cooler.« Annett beäugte neugierig die Gegend. Sie waren bereits aus der Stadt raus, die Abstände zwischen den Häusern wurden größer. »Fast so öde wie in einer Wüste.«

Alina lachte. »Total tote Hose. Aber dafür ganz ruhig.«

Sie wollte mehr darüber erfahren, wie Annett auf die Idee gekommen war, eine eigene Tanzschule zu gründen.

Sie erzählte alles. Alina hörte gebannt zu. »Ja,

und jetzt bin ich echt froh, dass die meisten Kurse schon so gut besucht sind«, schloss Annett, »und ich kann fast rund um die Uhr tanzen!« Sie verriet, dass sie noch viele weitere Ideen hatte, die sie in ihrer Schule realisieren wollte.

»Ich hab mir lange überlegt, ob ich mich für den Kurs anmelden soll«, gestand Alina, »kannte ja gar niemanden dort und meine beste Freundin hatte keine Lust, mitzumachen.« Aber ohne Gabriela würde sie jetzt wahrscheinlich gar nicht in Annetts Auto sitzen. Sie musste lächeln.

»Ja, das habe ich schon vielen Teilnehmern gehört – sie haben zwar Lust, aber eine Scheu vor den Leuten, die sich dort rumtreiben. Eigentlich doof, denn die anderen kennen ja auch niemanden.«

»Jetzt da vorne links«, sagte Alina plötzlich, »wir sind schon fast am Ziel.«

Annett musterte das Straßenschild. Ihr schien etwas durch den Kopf zu gehen. Sie murmelte den Namen der Straße ein paarmal vor sich hin. Dann schlug sie sich mit der flachen Hand auf die Stirn. »Hier irgendwo wohnt Maria.«

»Maria aus unserem Kurs?«

»Ja, genau die«, sagte Annett, »die hat mir mal erzählt, dass sie so weit draußen wohnt. Ihr Mann und sie haben hier ein Haus gebaut. Soll ganz gemütlich sein.« Sie warf Alina einen auffordernden Blick zu. »Das hast du nicht gewusst?«

Nein, wieso auch? Sie hatte noch fast kein Wort mit Maria gewechselt. Alina erzählte, dass sie vorhin an ihr vorbeigerast war und ihr gewinkt hatte.

Annett grinste. »Das Leben spielt manchmal wirklich komische Streiche.« Alina fand es nicht so komisch.

»Maria kommt auch immer mit dem Auto, sie hat mich beim ersten Mal gefragt, wo sie ihren Wagen am besten parken soll«, wusste Annett, »die hätte dich sicher mitgenommen. Das nächste Mal musst du sie unbedingt fragen. Und wenn du dich nicht traust, mach ich es für dich. Dann musst du keine Angst haben, ob du den Bus verpasst.« Sie waren bei Alinas Haus angekommen. Annett blieb stehen.

»Das war wirklich super nett! Ich wüsste nicht, was ich ohne dich gemacht hätte.« Sie konnte nicht sagen, wie froh sie war, zu Hause zu sein. Ohne Annett wäre sie ziemlich aufgeschmissen gewesen. Das Haus war dunkel. Ihre Eltern waren wohl noch weg.

»Gern geschehen«, meinte Annett, »und das nächste Mal fragst du lieber sofort. Das erspart allen Zeit und Nerven!« Sie mussten beide lachen. »Bis nächste Woche.«

Alina stieg aus. »Jetzt geh ich gleich schlafen, ich bin so was von k.o.«

Das Training und der Sprint zum Bus hatten

ihre Spuren hinterlassen. Das würde einen schönen Muskelkater geben. Aber solange es nur das war. Sie wartete vor der Tür, bis Annett abgefahren war und winkte ihr hinterher. Dann rief sie Gabriela an. Sie musste ihr unbedingt erzählen, wie die Sache ausgegangen war.

11 | 12

Sechs Tage, sieben Nächte

Michael ging die Aktion von Anfang auf die Nerven. Er hatte echt keine Lust, während seiner Ferien das Hausmädchen zu spielen. Deshalb hörte er nur mit halbem Ohr zu.

Seine Mutter hörte gar nicht mehr auf, Aufträge zu erteilen. »Der Kühlschrank ist voll, ich habe extra gestern noch eine Menge eingekauft.« Zum Beweis machte seine Mutter kurz den Kühlschrank auf. Er war tatsächlich von unten bis oben vollgeräumt.

»Wow!«, rief sein Bruder. »Da werden wir nicht verhungern.« Er kniff Michael in die Wangen, dieser klopfte ihm genervt auf die Finger. Der tat ja, als ob er ein Baby wäre!

Jan versuchte, seine Mutter aus der Küche zu schieben. »Auf jeden Fall wünschen wir euch einen schönen Urlaub.«

Aber so schnell wurden die beiden Jungs sie nicht los. »Ich hab euch noch gar nicht alles erklärt«, sagte sie. Sie zeigte zum Fressnapf auf dem Boden. »Dass ihr ja auf Romeo achtgebt! Morgens und abends füttern und kontrollieren, ob er alles gegessen hat.« Romeo war Mutters Kater.

Jan nickte genervt. »Das ist doch selbstverständlich.«

Sie überlegte. »Kommt mit.« Sie gingen auf die Terrasse hinaus. »Die Blumen auf der Terrasse sind am empfindlichsten. Die müssen konsequent morgens und abends gegossen werden. Also spätestens vor neun Uhr in der Früh, sonst wird es zu heiß. Ihr wisst ja, wie viel Arbeit ich in sie investiert habe. Es wäre eine Katastrophe, wenn sie kaputtgingen.« Sie sah sich nachdenklich im Garten um. »Soll ich nicht doch Marianne ...« Ihrer Stimme war anzuhören, dass ihr erst jetzt bewusst geworden war, wie viel Verantwortung sie einem 16- und einem 18-Jährigen zumutete.

»Nein!«, entschied Jan. Wenn sie schon einmal sturmfrei hatten, konnte ihnen ihre Tante gestohlen bleiben. Die würde nur nonstop bei ihnen rumhängen und sie bemuttern. »Wir sind wirklich alt genug, Mum«, meinte er, »du kannst dich auf uns verlassen! Das Haus, der Garten, die Post, der Anrufbeantworter in deinem Büro, die Kunden ...«

»Romeo«, ergänzte sie sofort.

Jan nickte. »Na klar, auf Romeo passen wir besonders gut auf.«

»Aber ihr seid doch oft unterwegs«, wandte sie ein, »wie wollt ihr das bewerkstelligen?«

»Das ist kein Problem«, meinte Jan, »wir machen einen Plan, wann wer an der Reihe ist, dann klappt das einwandfrei. Am besten übernehme ich morgen alles, dann siehst du, wie es funktioniert.« Er warf seinem Bruder einen auffordernden Blick zu.

Diesem blieb nichts anderes übrig, als seine Zustimmung zu geben. »Ein Plan, ja, das ist eine gute Idee ...«

Ihre Mutter sah sie unsicher an. »Meint ihr wirklich, dass das klappt?«

Michael verschränkte die Arme vor der Brust. »Nur damit es klar ist: Ich hab die nächsten Tage schon einiges ausgemacht«, räumte er ein, »da bin ich nicht rund um die Uhr im Haus.«

Jan warf ihm einen bösen Blick zu. Aber Michael fuhr fort: »Wir haben Ferien, alle sind im Schwimmbad, da wird man ja wahnsinnig, wenn man die ganze Zeit zu Hause bleiben muss.«

Seine Mutter wurde immer skeptischer. »Aber während der Bürozeiten muss jemand das Telefon hüten. Die meisten Kundinnen haben ja Cremes auf Vorrat bestellt, aber man weiß nie ... Ich hätte ja eine Vertretung engagiert. Aber das wäre viel zu kompliziert. Ich müsste der Person absolut vertrauen können und sie sollte schon eine Ahnung haben, worum es geht.«

»Du machst dir zu viele Gedanken. Deine Kundinnen sind jetzt eh alle im Urlaub, da wird nicht viel passieren«, sprach Jan auf seine Mutter ein, »Michael macht sich bloß in die Hosen.«

Dieser wurde sauer. »Das hat damit nichts zu tun. Ich bin einfach realistisch! Ich darf doch wohl noch sagen, dass es mich nicht gerade anmacht, Hausmädchen und Sekretär zu spielen.«

»Mein bequemer Bruder«, äffte Jan ihn nach und dann zu seiner Mutter: »Keine Sorge, ich hab alles im Griff. Ich werde dafür sorgen, dass Michael sich nicht querstellt.«

Ihr Vater trat auf die Terrasse. Er krempelte die Hemdsärmel hoch. »Wo bleibst du?«

»Ich bin mir nicht mehr so sicher, ob es eine gute Idee war, die beiden alleine zu lassen«, sagte sie, »vielleicht bleiben wir einfach nur drei, vier Tage?«

Vater runzelte die Stirn. »Kommt gar nicht infrage! Die Ferienwohnung ist für sechs Tage und sieben Nächte gebucht. Die Jungs sind alt genug.« Er klopfte Michael auf die Schultern. »Die Tage werden wie im Flug vergehen.«

»Das Telefon sollte morgens ab neun Uhr abgenommen werden«, schärfte ihre Mutter Jan ein, bevor sie ins Auto stieg. Die Brüder warteten vor der Garage, bis ihre Eltern außer Sichtweite waren. Es hätte sie nicht überrascht, wenn das Auto stehen geblieben und ihre Mutter nochmals ausgestiegen wäre. Sechs Tage Rügen. Das erste Mal, dass sie so lange ohne sie verreisten.

Jan warf seinem Bruder einen strengen Blick zu. »Du hättest es beinahe vergeigt.«

»Was?«

»Mit deinem Gequatsche. Mum wäre beinahe auf die Idee gekommen, die Reise abzublasen.«

»Ich hab halt keinen Bock ...«, setzte Michael an.

Doch Jan hatte bereits sein Handy hervorgezogen und eine Nummer betätigt. »Sie sind weg«, sagte er zu irgendjemandem, »wir sehen uns.« Dann tauchte sein Handy wieder in seine Jeans ab. »Ich hab einiges zu tun«, meinte er und steuerte auf das Haus zu.

»Der Plan ...«, erinnerte Michael.

»Den können wir später noch machen«, meinte sein Bruder und schon war er im Haus verschwunden.

»Super«, stöhnte Michael. Genau so, wie er es erwartet hatte. Kaum waren seine Eltern weg, war nichts mehr übrig von dieser Perfekter-Sohn-Masche. Er ging ins Wohnzimmer, schnappte sich einen Block und schrieb die kommenden Tage auf. Er legte fest, wer wann welche Aufgaben übernahm. Als er fertig war, übertrug er alles auf ein zweites Blatt. So konnte Jan später nicht behaupten, er hätte nicht gewusst, wann er an der Reihe war. Sein Bruder und mündliche Abmachungen, das war nämlich so eine Sache. Er klopfte an Jans Zimmertür.

»Was gibt's?«, rief dieser. Er war gerade dabei, eine CD zu brennen.

»Der Plan«, sagte Michael nur.

Jan nahm ihn unbeteiligt entgegen und legte ihn neben den Computer, ohne einen Blick darauf zu werfen.

»Morgen bist du mit Gießen und Romeo dran«, sagte Michael.

»Steht ja auf dem Blatt«, meinte Jan einsilbig.

»Wie du meinst.«

Michael zog Leine und ging ins Wohnzimmer hinunter. Nein, er würde sich jetzt von Jan nicht die Ferien verderben lassen. Er schob eine DVD in den Player, die er schon seit Längerem anschauen wollte. Doch schon nach den ersten Minuten musste er sich anstrengen, dass ihm die Augen nicht zufielen.

Michael fuhr zusammen. Er musste eingenickt sein. Der Film war noch nicht zu Ende. Die Komödie war eine ziemliche Schlaftablette. Er hatte sich den Film viel witziger vorgestellt. Er musste mal. Als er sich auf die Toilette gesetzt hatte, läutete das Telefon. »Jan? Gehst du ran? Ich bin auf der Toilette!«, rief er. Er lauschte. Aber Jan schien nicht zu reagieren. Hatte er ihn nicht gehört? Er war doch vorhin im Haus gewesen. Das Telefon läutete unaufhörlich. Michael beeilte sich. Doch bis er wieder im Wohnzimmer war, hatte man natürlich schon aufgelegt. Dafür entdeckte er Jan in der Küche. Dieser machte sich gerade am Kühlschrank zu schaffen.

»Was tust du da?«

»Umräumen.« Auf der Anrichte standen einige Bierdosen. »Die müssen kühl gestellt werden«, erklärte er, »nachher kommen noch ein paar Leute vorbei.« Er nahm zwei Kopfsalate aus dem Kühlschrank. »Die kann man auch in den Keller legen.«

»Hast du das Telefon abgenommen?«

Jan hatte gar nicht mitgekriegt, dass es geläutet hatte. »Wahrscheinlich eh nichts Wichtiges.«

»Aber wenn es etwas für Mum war ...«

»Dann rufen die nochmals an.«

Michael ging zu Tür, wandte sich dann aber noch einmal um. »Du hast heute Leute eingeladen?«

Jan schaute kurz auf. »Nur ein paar Freunde. Wir wollen uns einen netten Sommerabend im Freien machen. Du hast ja sicher schon was vor?«

Michael nickte. »Gehe mit ein paar Leuten aus meiner Klasse ins Open-Air-Kino am See.«

»Na, dann viel Spaß.«

Michael sagte nichts. Dass sein Bruder, ohne zu fragen, Haus und Garten für sich beanspruchte, fand er nicht okay. Genauso gut hätte auch Michael irgendwen einladen können. Sein Bruder war ja wieder mal voll auf dem Ego-Trip!

Insgeheim hatte er es ja schon geahnt: Wenn Jan »ein paar Leute« einlud, musste man sich auf etwas gefasst machen. Deshalb hatte er sich auch nur halb auf den Film einlassen können. Als er nach Hause kam, war es bereits dunkel. Doch ihr Haus war von unten bis oben hell erleuchtet. Schon von Weitem war Musik zu hören. Irgendein aktueller Hip-Hop-Song beschallte die Sommernacht. Im Garten brannten Fackeln. Wo hatte Jan denn die aufgetrieben? Überall standen Leute in Zweier- und Dreiergruppen – insgesamt ungefähr zwanzig. Sie schienen sich prächtig zu amüsieren. Der Terrassentisch war mit Getränken und Snacks überladen. Ein paar der Gäste nickten Michael zu, als er an ihnen vorbeilief. Die meisten hatte er noch nie gesehen. Auch im Haus war einiges los. Manche lümmelten auf dem Sofa oder tanzten ausgelassen. Auf der Treppe knutschte ein Pärchen wild herum. Überall roch es intensiv nach Zigaretten. Die Luft war total verqualmt und muffig. In der Küche stieß er auf seinen Bruder. Er war dabei, Chips in zwei Glasschüsseln zu schütten. Einige rieselten auf den Boden. Jan kümmerte sich nicht darum.

»Schon zurück?«, rief er und zog ein Mädchen mit langen schwarzen Haaren und einem engen rosafarbenen Top zu sich heran. »Das ist Svenja. Das ist mein Bruder.«

»Voll die geile Party hier!«, trompetete sie und

hielt Michael die Chipsschüssel unter die Nase. Aber er lehnte ab.

»Sind doch ein paar Leute mehr geworden«, meinte Jan entschuldigend, »scheint schnell die Runde gemacht zu haben, dass hier 'ne exzellente Party steigt.«

»Im Wohnzimmer wird ...«, setzte Michael an, aber in diesem Augenblick wurde an der Tür Sturm geläutet.

»Noch mehr Gäste?«, wunderte sich Jan. Er nahm Svenja an der Hand und führte sie zur Tür. Michael folgte ihnen. Er würde verhindern, dass noch mehr Leute ins Haus kamen!

Das Ehepaar vom Haus nebenan. Sie sahen alles andere als begeistert aus. »Es ist gleich Mitternacht – was soll der Krach?«

»Das ist das einzige Mal im Jahr«, erwiderte Jan, »und so laut ist es gar nicht.«

Die Nachbarin zeigte zu ihrem Haus hinüber. »Nicht laut? Selbst bei geschlossenen Fenstern scheppern bei uns in der Küche die Gläser.«

Und ihr Mann ergänzte: »Macht die Musik jetzt leiser, sonst rufen wir die Polizei.«

Jan wollte protestieren, doch Michael versprach, dass gleich Ruhe einkehren würde. Er ignorierte Jans bösen Blick. Die Nachbarn waren besänftigt und traten den Rückweg an.

»Mein Bruder ist ein Langweiler«, raunte Jan Svenja zu. Diese lachte laut.

Als Michael im Wohnzimmer die Lautstärke herunterdrehte, protestierten einige Leute lauthals.

»Da hast du es!«, fühlte sich Jan bestätigt.

»Ihr könnt ruhig weiter Krach machen«, sagte Michael, »aber dann lernt ihr wohl bald die Polizei persönlich kennen.« Das saß. Er verzog sich nach oben in sein Zimmer. Er hatte keinen Bock, mitzufeiern.

Fast zehn Uhr. Michael gähnte. Obwohl die Party bis in die Morgenstunden angedauert hatte, hatte er tief und fest geschlafen. Jetzt schien das Haus leer zu sein. Dafür standen überall leere Becher, Gläser, Schüsseln und Teller herum. Auf dem Teppichboden im Wohnzimmer war ein größerer Fleck, der gestern noch nicht da gewesen war. Auf dem Sofa ein Aschehaufen. Es stank mächtig nach Rauch. Michael riss die Fenster auf. Die Küche war das reinste Chaos. Es sah aus wie das Set von einem üblen Hip-Hop-Videoclip. Fehlte nur noch der Geruch von Erbrochenem. Doch Michael wurde es auch schon vom Anblick allein beinahe übel. Auf der Terrasse sah es nicht besser aus. Die Party hatte ziemlich heftige Spuren hinterlassen. Selbst eine Putzmannschaft würde wohl ein paar Stunden brauchen, um alles wieder sauber zu kriegen. Wie sich Jan das wohl vorstellte? Auf dem Terrassenboden lag eine Lederjacke, die ein Gast vergessen hatte. Zwei Gartenstühle standen mitten auf der Wiese. Michael trug sie auf die Terrasse zurück. Die Blumentöpfe stachen ihm ins Auge. Zwei waren umgefallen und zerbrochen. Er kontrollierte die Erde. Staubtrocken. Sie hatten noch kein Wasser abgekriegt. Aber was anderes hätte ihn auch überrascht. Er schielte in den ersten Stock hinauf. Die Jalousien von Jans Zimmer waren noch unten. Es würde anstrengender sein, ihn aus den Federn zu bekommen, als die Blumen schnell selber zu gießen. Auch wenn es in seinem Innern brodelte – gestern hatte Jan die große Klappe gehabt und schon an Tag 1 blieb alles an ihm hängen. Es waren drei volle Gießkannen erforderlich, bis alle Blumen mit Wasser versorgt waren. Er war gerade fertig, als es an der Tür läutete: Chris.

»Du bist schon da?«

Er bat ihn herein. »Ich muss noch mein Badezeug zusammensuchen.«

Chris riss die Augen auf. »Was ist denn hier passiert?« Er nahm das Wohnzimmer unter die Lupe, als würde er einen Tatort untersuchen.

»Mein Bruder. Eine wilde Party.«

»Als ob eine Bombe eingeschlagen hätte.«

Michael holte in seinem Zimmer Badeshorts und Strandtuch.

»Ein größeres Chaos hätte man nicht hinterlassen können«, meinte Chris, der sich inzwischen auch im Garten etwas umgesehen hatte.

Michael stöhnte. »Lass uns lieber gehen, sonst werde ich wirklich noch richtig sauer.«

Anna und die anderen hatten sich schon an einem gemütlichen Platz unter einer Linde ausgebreitet. Von dort hatte man es nicht weit ins Wasser. Michael rieb sich mit Annas Sonnencreme ein.

»Den Rücken nicht vergessen«, meinte sie.

Michael schnitt eine Grimasse. »Ich lasse mich auch gerne von dir eincremen.«

Die anderen grölten, Anna verzog bloß das Gesicht und wechselte schnell das Thema: »Ich hab gestern im Internet noch ein paar Artikel über den Film gelesen. Dort stand fast überall drin, dass der Schluss doof ist – so wie ich es euch gesagt habe.«

Thomas stöpselte sich die Kopfhörer ins Ohr und sagte: »Ich fand es cremig.«

Sie hatten gestern Abend nach dem Film lange über dessen Ende diskutiert. Außer Anna hatte es allen gefallen. Klar, das Gebäude war ganz überraschend in die Luft geflogen – ein Happy-End wäre sicher besser gewesen, aber dann hätte der Film einen zu kitschigen Touch bekommen. Allmählich erstarb die Diskussion. Anna und die beiden anderen Mädchen gingen ins Wasser. Chris döste vor sich hin.

Michael schnappte sich eine von Annas Illustrierten, die sie mitgebracht hatte. Eine dieser typischen Girl-Zeitschriften. Lustlos blätterte er sie durch, bis plötzlich die Melodie seines Handys die Idylle störte. MUM, stand auf dem Display. Er entfernte sich ein paar Meter von der Linde »Was gibt es?«

Seine Mutter wollte wissen, ob alles in Ordnung war. »Ich probiere jetzt schon eine Weile auf dem Festnetz anzurufen, aber es ist immer besetzt. Rufen so viele Leute an?«

»Ähm ... Keine Ahnung«, gestand Michael, »ich bin gerade beim Baden. Hast du es schon bei Jan probiert?«

»Dort kommt immer die Mailbox.«

Das war ja typisch! »Wahrscheinlich ist der Akku leer.« Eine doofere Ausrede hätte ihm wohl nicht einfallen können. »Ich bin bald wieder zu Hause«, beruhigte er sie, »ich rufe dich dann zurück.«

Er lief ein paarmal gedankenverloren auf der Wiese auf und ab. Eigentlich wollte er auch mal stur bleiben und erst am Abend nach Hause gehen. Jan schaffte es aber auch immer, es auf die Spitze zu treiben. Am besten rief er ihn jetzt auf dem Handy an und sagte ihm mal richtig die Meinung. Aber nein, der war dort ja momentan eh nicht zu erreichen.

»Sorry, Leute«, sagte er zu den anderen, »gibt anscheinend Probleme zu Hause, muss schon los.«

Als er die Tür aufschloss, roch er deutlich, dass es gleich mächtigen Ärger geben würde. Als Erstes stürmte Romeo auf ihn zu. Er miaute laut. Hatte er noch nichts zu fressen bekommen? Er nahm ihn auf den Arm und trug ihn in die Küche. Wie erwartet war sein Fressnapf leer. »Hast du Hunger?« Er nahm eine Dose aus dem Schrank und leerte den Inhalt in den Napf. Der Kater stürzte sich gierig darauf. Der hatte heute offensichtlich noch gar nichts bekommen. Michael warf seinen Rucksack auf den Boden und schenkte sich eine Cola an. Tat das gut! Davon hätte er mehrere Liter am Tag trinken können, wenn seine Mutter nicht immer intervenieren würde. Auf der Terrasse wurde laut gelacht. Michael ging hinaus.

Sein Bruder lag auf dem Liegestuhl. »Wo kommst denn du her?«, fragte er.

»Ich war baden. Mum hat angerufen.«

»Mich auch«, meinte Jan, »ich hab das Handy ausgemacht, sonst meldet die sich noch alle paar Minuten.«

»Und das Telefon?«

Jan grinste. »Einen Knopf gedrückt, sodass es nicht mehr läutet ...«, sagte er.

»... und es nonstop besetzt ist«, ergänzte Michael. Er wurde langsam sauer. »Gestern hast du noch das Mustersöhnchen gespielt und jetzt kümmerst du dich um rein gar nichts!«

Das Grinsen aus Jans Gesicht war augenblicklich verschwunden. »Komm mal runter, Spaßverderber!«

»Die Blumen waren heute morgen auch nicht gegossen«, sagte dieser, ohne auf die Verpiss-dich-Botschaft einzugehen.

Jan setzte sich auf. »Mann, jetzt sei doch nicht so pingelig. So schnell gehen die Blumen auch nicht kaputt. Ist gestern etwas später geworden und ich hab deshalb ausgeschlafen.«

»Hast du wenigstens das Haus etwas aufgeräumt?«

Jan war mit dem abrupten Themenwechsel überfordert.

»Das Chaos in der Küche, im Wohnzimmer...«, zählte Michael auf.

»So, so, du willst mir die volle Dröhnung geben«, fuhr ihm Jan ins Wort.

»Es geht mir einfach ums Prinzip«, brauste Michael auf. Jetzt war er definitiv sauer. »Vor nicht einmal 24 Stunden hast du vor Mum den großen Gentleman rausgehängt, der sich um alles kümmern will, und kaum ist sie in den Norden aufgebrochen, geht es nur noch um dein Vergnügen.«

»Spielt doch keine Rolle«, sagte Jan, »Mum und Pa kriegen nichts davon mit. Bis sie zurück sind, haben wir wieder alles aufgeräumt.«

»Du«, korrigierte Michael sofort, »wenn jemand aufräumt, dann bist du das. Ich bin nicht für das Chaos verantwortlich.«

»Da ist aber jemand extrem kleinlich.«

»Nein«, erwiderte Michael fest, »du verstehst nicht, worum es geht. Mums größte Sorge ist, dass hier nichts passiert, während sie weg ist. Romeo, die Blumen, ihre Kundinnen … Du bist nicht mal fähig, dich einen Tag lang an unseren Plan zu halten.« Michael wusste schon jetzt, dass Jan bei der Rückkehr ihrer Eltern so tat, als wäre alles perfekt, als hätte er sich die ganze Zeit um Haus und Garten gekümmert und wäre vor lauter Arbeit gar nicht mehr zum Vergnügen gekommen. »Bei dir würde Romeo ja verhungern.« Dann brach er ab. Es hatte ja eh keinen Sinn, mit ihm zu diskutieren. Er nahm zwei leere Flaschen vom Boden auf und trug sie hinein. Das Telefon lag im Wohnzimmer auf dem Sofa. Es piepte. Michael legte auf. Er machte sich daran, das Geschirr in den Geschirrspüler zu räumen. Es wäre echt daneben, wenn seine Eltern bei ihrer Rückkehr ein Chaos antreffen würden.

Das Telefon läutete. Michael ging sofort ran. Es war sein Vater. »Endlich kommen wir durch! Wir haben schon gedacht, es gäbe ein technisches Problem.« Er erzählte, dass ihre Mutter ziemlich nervös war und am liebsten noch heute Abend zurückfahren würde. »Ich konnte es ihr nur mit Mühe und Not ausreden. Doch die Stimmung ist gerade auf dem absoluten Tiefpunkt.«

Am liebsten hätte Michael gesagt: »Hier ist das

nicht anders.« Aber er wollte nicht noch mehr Öl ins Feuer gießen.

»Alles klar bei euch?«

»Ja, alles bestens.« Bevor die nächste Frage folgte, erkundigte er sich nach dem Wetter und dem Essen. Zum Glück stieg sein Vater darauf ein. Danach erzählte Michael ein paar belanglose Dinge über das Open-Air-Kino und den Nachmittag am See. Endlich war das Gespräch beendet.

»Mit wem hast du telefoniert?« Michael fuhr herum. Er hatte Jan gar nicht hereinkommen hören.

»Pa hat angerufen und sich nach dem Stand der Dinge erkundigt.«

Jan musste schlucken. Dann lachte er. Aber es war deutlich zu hören, dass er sich nicht mehr so wohlfühlte. »Und du hast ihm sicher alles brühwarm erzählt.«

»Nein, das habe ich nicht.«

Sie blickten sich schweigend an. Da klingelte das Telefon. Michael nahm ab. Es war ihre Mutter. »Heute ist doch Jan mit dem Telefondienst an der Reihe? Da stimmt doch etwas nicht. Ich will jetzt die ganze Wahrheit hören!«

200

12 | 12

Nicht erreichbar

»Das ist wirklich ein schöner Platz hier!«, rief Susan, als sie von ihrem Bike stieg. Sie lehnte es gegen den Baum und lief zu Diana, die auf der Bank gewartet hatte. »Sorry, konnte nicht eher«, erklärte Susan, »mein Bike hatte einen Platten und es hat eine halbe Ewigkeit gedauert, bis mein Dad das wieder repariert hatte.«

Diana winkte ab. »Egal, du bist die Erste.«

Susan nahm neben ihr Platz und blickte aufs Wasser. Echt ein idyllischer Fleck Erde. Und da der Sommer noch nicht ganz in die Gänge gekommen war, waren auch kaum Leute hier.

»Von hier kriegt man den Sonnenuntergang super mit«, wusste Diana. Sie zeigte zum Grillplatz. »Ein Glück, dass uns niemand zuvorgekommen ist.«

Susan lachte.

»Ich bin schon seit zwei Stunden hier und habe den Platz wie eine Löwin verteidigt«, erklärte Diana. »Wäre ja doof gewesen, wenn wir uns einen anderen Ort für unseren Grillabend hätten suchen müssen.«

Es war Dianas Idee gewesen, hier mit der Clique zu grillen. Sie hatte den Fleck am vergangenen Wochenende bei einem Ausflug mit ihrer Familie entdeckt. Sie sah auf die Uhr. »Die anderen könnten wirklich langsam kommen. Wir waren doch für sechs Uhr verabredet!« Wie auf Knopfdruck hörten sie in diesem Augenblick knirschenden Kies. Lukas und André rasten mit ihren Rädern herbei.

»Hallo!«, rief Lukas schon von Weitem und André winkte.

»Du hast zwei Boxen mitgebracht?«, staunte Diana.

André nickte. »Für so einen Abend braucht man einfach den passenden Sound.«

Lukas machte sich daran, das Feuer in Gang zu setzen. Er war früher bei den Pfadfindern gewesen und wusste genau, worauf man achten musste. Einige Minuten später flackerte das Feuer vor sich hin. Sie beobachteten es und nippten an ihren Bechern, die Diana inzwischen verteilt hatte.

»Kommt Alexa auch?«, erkundigte sich Lukas.

Alle blickten zu Diana. Diese zuckte mit den Schultern. »Sie ist verhindert.«

Lukas lachte. »Ver...?«

»Ja, verhindert«, bestätigte Diana.

Susan wollte weitere Informationen.

»Ich hab sie vorhin nochmals angerufen, aber sie hat nicht abgenommen. Also habe ich ihr noch eine SMS geschickt. Und dann hat sie mir geschrieben, dass sie verhindert sei. Genau so hat sie es formuliert.«

Susan wollte die SMS sehen. Diana ließ ihr Handy herumwandern.

»Echt schräg«, meinte André, nachdem er einen Blick auf das Display geworfen hatte.

»Sorry, ich kann nicht, bin verhindert«, wiederholte Susan Alexas Worte.

»Ist wahrscheinlich besser, wenn sie nicht dabei ist«, meinte Lukas, »sie hätte uns eh wieder die Stimmung vermiest.«

André schloss die Boxen an seinen MP3-Player an und startete die Musik. Ein schneller Pop-Song. Diana legte acht Würstchen auf den Rost – zwei für jeden.

»Ich sterbe fast vor Hunger«, stöhnte Lukas.

»Soll ich sie nicht mal anrufen?«, dachte Susan laut.

Diana strich sich eine Strähne aus dem Gesicht. »Wen? Alexa?«

»Ist doch komisch, dass die so drauf ist.«

Lukas seufzte genervt und legte sich auf der Bank der Länge nach hin. »Habt ihr heute noch ein anderes Thema? Alexa hat nun mal Bock, die große Zicke zu spielen, dann soll sie das machen, aber ohne uns.«

»Aber Alexa ist doch nicht irgendwer!«, protestierte Susan empört. »Es war doch immer so lustig mit ihr.« Die anderen taten ja so, als wäre ihnen Alexa total egal. »Und wenn sie Probleme hat?«

»Die hat keine Probleme«, rief André, »die kommt sich nur gut vor.«

»Wenn sie Probleme hätte, hätte sie sich an dich oder mich gewandt«, meinte Diana. Susan zuckte mit den Schultern, aber insgeheim musste sie ihrer Freundin recht geben.

»Seit sie sich mit Christoph rumtreibt, sind wir ihr nicht mehr gut genug. Punkt«, sagte Lukas. »Zum Fußballspiel ist sie letzte Woche auch nicht mitgekommen.«

»Fußball interessiert halt nicht jeden«, erwiderte Susan.

Diana drehte die Würstchen auf dem Grill um.

»Mich interessiert es auch nicht, aber ich bin trotzdem mitgegangen – wegen euch.« Sie erinnerte sich nur ungern an das Spiel: Die beiden Jungs und Diana waren total begeistert gewesen und hatten die Mannschaft lauthals angefeuert, aber ihr war das Spiel länger vorgekommen als drei Mathestunden am Stück.

Lukas machte eine Runde mit der Flasche und schenkte allen nach. »Wir haben es zu viert auch ganz nett. Es wird niemand gezwungen, bei uns mitzumachen.«

»Ich glaube, die Würstchen sind so weit«, unterbrach Diana das Gespräch und gab jedem eines davon zusammen mit einer Papierserviette.

»Lecker!«, rief Lukas schmatzend. Er hatte die Wurst mit ein paar wenigen Bissen verdrückt und schnappte sich gleich eine zweite.

»Mann«, rief Diana eifersüchtig, »du kannst alles in dich reinstopfen und bleibst trotzdem eine Bohnenstange.«

Susan knabberte lustlos an ihrem Würstchen herum.

Diana setzte sich neben sie auf die Bank.

»Schmeckt's nicht?«

»Doch, doch«, murmelte Susan.

»Zerbrich dir nicht wegen ihr den Kopf«, sagte Diana.

Susan sah sie überrascht an. Konnte sie Gedanken lesen? »Aber sie ist doch schon so lange unsere Freundin.« Sie konnte sich gar nicht mehr erinnern, wie das alles angefangen hatte. Ihre Clique hielt schon seit vielen Jahren zusammen wie Pech und Schwefel. Auch dass André seit einem Jahr auf eine andere Schule ging, hatte ihrer Freundschaft keinen Abbruch getan. Sie hatten schon so viel miteinander erlebt. Zum Beispiel das Zelten im vergangenen Sommer. Es hatte nonstop geregnet und alles war nass und matschig gewesen, aber sie hatten trotzdem einen Riesenspaß gehabt. Mit Alexa kam sowieso nie trübe Stimmung auf, ihr fiel immer wieder was ein. Als Diana von ihrem Freund sitzen gelassen wurde, hatte es Alexa in null Komma nichts geschafft, sie wieder aufzuheitern. Oder als sie gemeinsam auf das Konzert dieser britischen Rockband gegangen waren. Alle zusammen hatten sie auf Susans Eltern eingeredet, bis sie ihr erlaubt hatten, mitzufahren. Susan hätte sich ein Leben ohne die andern gar nicht vorstellen können. Aber ohne Alexa war das irgendwie nur noch eine halbe Sache. Diana, Alexa und sie hatten sogar schon vorgehabt, nach der Schule gemeinsam eine Ausbildung zur Krankenschwester zu machen.

Als alle Würstchen weggefuttert waren, nahm Lukas sein Handy hervor und zeigte den anderen ein Comedy-Video, das er aus dem Internet heruntergeladen hatte. Diana platzte fast vor Lachen, aber Susan fand es heute überhaupt nicht komisch und vertrat sich am Ufer die Beine. Sie konnte wirklich nicht verstehen, dass Alexa nicht mitgekommen war. Früher war sie doch auch für jeden Spaß zu haben gewesen. Spontan nahm sie ihr Handy und rief Alexa an. Doch es kam gleich die Mailbox. Warum hatte sie das Handy ausgeschaltet? Sie dachte eine Weile nach, dann probierte sie es bei Alexa zu Hause. Ihre Mutter nahm ab.

»Ist Alexa da?«

»Nein, die ist bei Christoph.«

»Wie immer …«, rutschte es Susan raus.

Langsam wurde es kühl. Lukas hatte eine Idee: »Lasst uns zu mir nach Hause gehen, wir ziehen uns einen Film rein, meine Eltern sind in der Oper. Die kommen nicht vor Mitternacht zurück.« Von der Idee waren sofort alle begeistert. Susan rief ihre Mutter an, dass sie später nach Hause kommen würde. Ihre Mutter war die Einzige, die immer genau wissen musste, wo sie steckte und was sie trieb.

Lukas half Diana, alles einzupacken und André kümmerte sich um seine Boxen. Fünf Minuten später waren sie bereit zum Aufbruch.

Susan stieg auf ihr Bike. »Soll ich Alexa fragen, ob sie auch noch kommen will?«

Lukas zeigte ihr den Vogel.

Auch André ging es langsam auf die Nerven: »Die Tante soll bleiben, wo der Pfeffer wächst.«

»Aber …«, setzte Susan an. Es hätte sie ja wirklich nichts gekostet, Alexa zu fragen. Hatten die anderen schon vergessen, wie viel Spaß es mit Alexa gemacht hatte? Alexa war immer so witzig und hatte stets den passenden Spruch auf Lager.

»Denk nicht zu viel darüber nach«, riet Diana, »manchmal kann man einen Menschen nicht verstehen. Alexa wird schon ihre Gründe haben. Ich find's auch schade, dass Alexa nicht mehr dabei ist. Aber wir haben ihr ja nichts getan. *Sie* will ja nichts mehr mit uns zu tun haben. Und ich bin ihr lang genug nachgerannt. Sogar heute habe ich sie noch extra angerufen. Irgendwann ist einfach Schluss.«

»Sind wir dir zu langweilig?«, meckerte Lukas. »Wir können gerne noch ein paar Leute aus der Schule einladen.«

»Darum geht es ja gar nicht«, gab Susan schnippisch zurück. Sie hätte schon erwartet, dass ihnen mehr an Alexa lag. »Ihr würdet wahrscheinlich nicht einmal mitbekommen, wenn ich plötzlich entführt würde.«

»Was ist denn mit der heute los?«, raunte André Lukas zu.

Diana schüttelte nur den Kopf. »Jetzt wirst du aber langsam unfair. Wir haben nicht gesagt, dass uns Alexa egal ist – wir respektieren bloß ihre Entscheidung.«

»Ach was«, entfuhr es Susan. Es hatte keinen Sinn, darüber zu diskutieren. Irgendwie enttäuschte sie es, dass Alexas Abwesenheit die anderen gar nicht aus dem Konzept brachte.

Lukas' Schwester war zunächst überhaupt nicht begeistert, als ihr Bruder auf einmal mit seiner Clique ins Haus platzte. »Wir machen einen DVD-Abend«, erklärte Lukas, und als er ihr erzählte, welche Filme sie sich ansehen wollten, war sie auch dabei. Mit Chips und Popcorn bewaffnet machten sie es sich vor dem Fernseher gemütlich. Doch Susan war überhaupt nicht in Thriller-Stimmung. Alexa fehlte definitiv. Wenn sie früher miteinander DVDs geschaut hatten, hatte Alexa immer wieder witzige Bemerkungen zu den Schauspielern oder den Dialogen eingeworfen, die alle zum Lachen gebracht hatten.

Susan ging kurz auf die Toilette und versuchte es noch mal bei Alexa. Das Handy war noch immer ausgeschaltet. Was war da los? Sonst hatte sie nicht einmal in der Schule das Handy ausgemacht.

»Weiß jemand, wo dieser Christoph wohnt?«, fragte sie die anderen.

»Ich will jetzt kein Wort mehr über diese Kuh hören!«, beschwerte sich Lukas und drohte ihr mit der Faust. »Wir kommen echt gut ohne sie klar.«

»In der Bertastraße«, wusste André, »im gleichen Haus wie Fabio.«

Mit dem Rad war das etwa zehn Minuten von hier. »Ich schau dort mal vorbei«, sagte sie.

Die anderen sahen sie überrascht an. »Wenn du nichts Besseres zu tun hast«, sagte André und drehte sich wieder zum Fernseher.

»Ich würde mich wegen der nicht so ins Zeug legen«, sagte Lukas.

Susan verabschiedete sich. »Bis später.«

Mist, sie wusste ja Christophs Nachnamen gar nicht! Sie stand vor der Tür und musterte die Klingelschilder. Keiner der Namen kam ihr bekannt vor. Beinahe hätte sie Diana angerufen, aber da kam jemand heraus und sie schlüpfte schnell zur Tür hinein. In welcher Wohnung Christoph wohnte, merkte sie schnell: Aus dem zweiten Stock war Techno zu hören. Sie wusste, dass Christoph total darauf abfuhr. Sie stieg die Treppe hinauf und klingelte. Wie Alexa wohl darauf reagierte, dass sie einfach so hier aufkreuzte? Hoffentlich bekam sie es nicht in den falschen Hals. Sie wollte ihr ja nicht nachstellen. Beinahe hatte sie schon wieder kehrtgemacht, da streckte Christoph seinen Kopf zur Tür heraus. Sie atmete auf, in dem Fall hatte sie die richtige Wohnung erwischt.

»Ist Alexa da?«

»Hallo erst mal!«, sagte Christoph mit einem breiten Grinsen. Susan verdrehte die Augen. Sie hatte keine Zeit für unnötige Plaudereien. »Du willst uns Gesellschaft leisten?«

»Nein! Ich will zu Alexa.«

Christoph grinste sie nochmals an. »Da bist du aber etwas zu spät. Die ist nicht mehr da.«

»Was?« Damit hatte Susan nicht gerechnet. »Aber ich habe gedacht ...«

»Die hat sich vor 'ner Stunde vom Acker gemacht.«

Susan sah Christoph prüfend an. Er schien die Wahrheit zu sagen.

»Auf ihrem Handy ist sie nicht zu erreichen.«

Christoph verdrehte die Augen. »Die zickt wahrscheinlich wieder rum. Wir hatten eine super Stimmung vorhin und haben uns prächtig amüsiert, aber Alexa versteht keinen Spaß. Hat echt keinen gekratzt, als sie überraschend wegmusste. Die verdirbt ja jede Party. Willst du kurz bei uns reinschauen?«

Susan schüttelte den Kopf. Diese Jungs konnten ihr wirklich gestohlen bleiben. Lautes Gelächter drang aus der Wohnung. Alexas Abgang schien der Stimmung mehr genutzt als geschadet zu haben.

»Hat sie gesagt, wo sie hin will?«

»Keine Ahnung, ist mir auch egal. Die anderen waren wegen ihr zu Beginn ganz schön sauer auf mich.« Christoph wurde ihr immer unsympathischer. Würde sie nicht überraschen, wenn Alexa wegen ihm total fertig war. Wenn der schon den ganzen Abend so ruppig drauf war, konnte man ja nicht anders, als am Boden zerstört zu sein.

»Wie war sie drauf, als sie gegangen ist?«

»Das musst du sie schon selber fragen.«

In der Wohnung rief jemand seinen Namen.

»Du hörst es: Mein Typ wird verlangt.«

Als Susan die Treppe hinunterlief, rief ihr Christoph hinterher: »Aber willst du es dir nicht nochmals überlegen? Bei uns ist es sicher lustiger als mit Alexa!«

Sie tat so, als wäre sie bereits außer Hörweite.

Sie war froh, wieder an der frischen Luft zu sein. Sie versuchte es nochmals auf Alexas Handy und gleich darauf bei ihr zu Hause. »Nein, sie ist noch nicht aufgetaucht«, sagte ihre Mutter. Sie hatte auch nichts von ihr gehört. Susan schrieb Alexa eine SMS. ALLES OKAY BEI DIR? MELDE DICH BITTE SO SCHNELL WIE MÖGLICH. Dann würde sie wenigstens gleich reagieren, wenn sie das nächste Mal das Handy einschaltete. Susan begann sich langsam Sorgen zu machen. Wo war Alexa? Es war ihr doch nichts zugestoßen? In einer Stunde wäre es stockfinster. Alexa hatte doch sonst keine weiteren Freunde. Susan schob ihr Bike die Straße entlang. Am liebsten hätte sie jetzt Diana angerufen, aber die anderen würden sie wahrscheinlich nur auslachen. Warum hatten sie sich nicht schon früher um Alexa gekümmert? Sie hatten doch alle längst bemerkt, dass da etwas schieflief. Klar, man wollte auch nicht jemandem ständig auf die Pelle rücken. Susan wusste selber gut genug, dass penetrante Leute einem unheimlich auf den Geist gehen konnten. Aber wenn man schon so gut befreundet war, dann musste man füreinander da sein, auch wenn sich einer komisch verhielt. Wenn Susan ehrlich war, hätte sie aber auch nicht sagen können, ab welchem Zeitpunkt Alexa nicht mehr die normale Alexa gewesen war. Vielleicht vor drei, vier Monaten. Sie hatte auf einmal immer mehr Zeit mit Christoph verbracht und die Clique sitzen gelassen. Christoph war Susan schon immer unsympathisch gewesen. Er war bekannt dafür, krumme Dinge zu machen. Einmal soll deswegen sogar schon die Polizei bei ihm zu Hause auf der Matte gestanden haben. An der Schule hatte schon manche Gruselgeschichte über ihn die Runde gemacht. Alexa geriet wegen ihm doch jetzt nicht auf die schiefe Bahn? Oder war das schon lang geschehen? Sie hätten Alexa die Augen öffnen müssen! Susan wusste, dass sie selber auch nicht gerade viel unternommen hatte. Zwar war sie von der ganzen Clique noch die Hartnäckigste gewesen, doch dafür, dass Alexa neben Diana ihre beste Freundin war, hatte sie sich sehr zurückgehalten. Sie stellte die Lautstärke des Klingeltons ganz hoch, sodass sie es auf keinen Fall überhörte, wenn Alexa anrief. Hoffentlich hielt der Akku noch eine Weile. Dann stieg sie auf ihr Bike. Warum hatte Alexa das Handy ausgemacht?

Gedankenverloren kam sie am Wartehäuschen beim Bahnhof vorbei. Im Innern flackerte das kalte Licht einer Neonröhre. Beinahe hätte sie die Person übersehen. Am Abend herrschte am

Bahnhof immer tote Hose und es gab sowieso keinen Zug, auf den man hätte warten können, deshalb hatte sie gar nicht damit gerechnet, dort jemanden anzutreffen. Die Bremsen quietschten. Schnell fuhr sie die paar Meter zurück. Das war ja Alexa! Sie saß zusammengekauert auf der Bank und schien Susan nicht bemerkt zu haben. Erst als diese an die Scheibe klopfte, blickte sie auf. Es dauerte, bis sie merkte, wer draußen stand. Susan ging hinein.

»Zum Glück habe ich dich gesehen, sonst hätte ich ja noch Stunden suchen können. Was machst du denn hier?«

»Keine Ahnung.«

Susan setzte sich neben sie. »Ich war vorher bei Christoph«, sagte sie, nachdem sie sich eine Weile angeschwiegen hatten, »und der erklärte, dass du abgehauen bist.«

Alexa sah sie überrascht an.

»Ich hab mir Sorgen gemacht«, sagte Susan, bevor Alexa sie anschnauzen konnte, »dein Handy war ausgeschaltet. Ich hatte einfach ein komisches Gefühl.«

Alexa erzählte, dass sie nach einer Stunde bei Christoph die Nase voll gehabt und sich auf den Weg gemacht hätte. Eigentlich hatte sie möglichst weit wegwollen von Christoph und seiner Clique, doch dann war ihr das Wartehäuschen ins Auge gestochen. »Ich wollte einfach ein bisschen für mich sein. Habt ihr heute nicht vorgehabt, am See zu grillen?«

»Dort sind wir auch gewesen, war superschön«, schwärmte Susan. Sie erzählte, was sie alles gemacht hatten. »Dann sind wir zu Lukas. Dort ziehen sich die anderen jetzt ein paar DVDs rein. Aber ich konnte mich einfach nicht auf den Streifen konzentrieren. Du hast gefehlt.« Sie lachte unsicher.

Alexa sagte nichts.

Eine Weile beobachtete Susan einen Nachtfalter, der verzweifelt versuchte, die Neonröhre zu erreichen, die durch ein Gitter geschützt war. Susan seufzte. Sie hatte keine Lust mehr, noch länger um den heißen Brei herumzureden: »Alles klar bei dir?«

»Geht so.«

»Christoph hat gemeint, du wärst nicht gut drauf heute ...«

Alexa lachte. »Was der so meint! Der ist doch ein Trottel. Er und die anderen Jungs hatten den ganzen Abend nichts Besseres zu tun, als sich über mich lustig zu machen. Ist das nicht toll?«

»Aber ... er hat dir nichts angetan?«

Alexa schnitt eine Grimasse. »Was denkst du denn? Er ist doch kein Psychopath!«

»Sorry, ich wollte einfach sicher sein ...« Susan wollte alles genau wissen.

»Keine Lust, darüber zu reden. Sie haben alles,

was ich sagte und tat, ins Lächerliche gezogen. Irgendwann bin ich dann gegangen. That's it. Das sind ja wirklich Trottel!«

»Seid ihr denn ein Paar?«

Alexa musste laut lachen. »Bist du verrückt! Nur ein guter Kumpel. Aber jetzt habe ich für 'ne Weile genug von ihm. War mir gar nicht klar, dass der so kindisch ist.«

»Und warum hast du dich nicht bei uns gemeldet?«

Alexa fingerte in ihrem Hosensack herum und brachte eine angebrochene Kaugummipackung zum Vorschein. Sie steckte sich einen in den Mund und gab dann Susan auch einen. »Ich wäre mir irgendwie blöd vorgekommen, bei euch anzurufen«, meinte sie, »ihr habt mich ja oft genug gefragt, ob ich mitkommen will.«

»Wir haben geglaubt, du hättest keine Lust, oder dass du uns doof findest.«

»Am Anfang war es mit Christophs Leuten total witzig. Der hat die ganze Zeit so ausgefallene Ideen im Kopf und vor rein gar nichts Angst. Aber mit der Zeit geht einem das nur noch auf die Nerven. Gestern hat er mit seiner Clique wieder mal ein paar doofe Streiche ausgeheckt. Die haben eine Scheißfreude daran, andere Leute zu ärgern. Ich find das total bescheuert. Sie haben mich überredet, mitzumachen. Aber ich wüsste nicht, was daran lustig sein soll, sich hinter einer Hecke auf die Lauer zu legen und kleine Kinder zu erschrecken. Heute wollten sie eine klasse Party machen. Ich hab gedacht, dass man dort richtig viel Spaß hat und man neue Leute kennenlernt. Aber die kannst du echt vergessen. Da war es bei uns immer viel witziger. Und zwar, ohne dass man sich nonstop auf Kosten einer Person amüsiert. Deshalb bin ich nach einer Stunde gegangen.«

Susan nickte.»Christoph war vorhin dämlich drauf. Mit dem würde ich mich keine zwei Minuten unterhalten wollen. Und seine Frisur!«

Die beiden Mädchen sahen sich an und prusteten los.»So was von peinlich!« Die beiden konnten fast nicht mehr aufhören zu lachen.

»Er hat sicher blöd aus der Wäsche geguckt, als du vor der Tür gestanden hast.«

»Das kannst du laut sagen«, meinte Susan. »Wenn du zum Grillen mitgekommen wärst, hätten wir mehr Spaß gehabt, da bin ich sicher.« Da hätten die anderen der Clique nicht widersprechen können.»Du solltest deine Mutter anrufen«, fiel Susan ein,»nach meinen Anrufen ist sie sicher schon in Panik, weil du immer noch nicht zu Hause bist.«

Alexa schaltete ihr Handy ein. Sofort piepste es.»Eine SMS von dir.« Während Alexa mit ihrer Mutter telefonierte, simste Susan Diana, dass sie Alexa gefunden hätte und alles okay wäre.

»Komm, gehen wir noch ein bisschen zu Lukas«, meinte Susan, »dann kriegen wir noch was vom Film mit.«

Aber Alexa war skeptisch. »Die finden mich jetzt sicher total doof.«

»Auf keinen Fall! Du gehörst doch fest zu unserer Clique.« Vielleicht kapierten dann die anderen, dass sie Alexa nicht so schnell hätten aufgeben sollen und dass es ohne sie nur halb so toll gewesen war. Sie nahm sie bei der Hand. »Ohne dich sind wir nicht komplett.« Alexa lächelte gequält. Susan hatte noch eine andere Idee: »Wir machen einen Abstecher zur Tankstelle und bringen ihnen Eis mit.«

Für alle, die wissen wollen, welche Gleichnisse als Vorlage für die Geschichten dienten, sind hier die Bibelstellen (nach *Die Bibel. Einheitsübersetzung der Heiligen Schrift*) angegeben:

Fünfzig Euro: Das Gleichnis von den Arbeitern im Weinberg (Matthäus 20, 1–16)

Das Gespräch mit Jimmy: Das Gleichnis vom verlorenen Sohn (Lukas 15, 11–32)

Die letzte Chance: Das Gleichnis vom unfruchtbaren Feigenbaum (Lukas 13, 6–9)

Echte Freunde: Vom Haus auf dem Felsen (Matthäus 7, 24–27)

Unangenehme Neuigkeiten: Das Gleichnis vom unbarmherzigen Gläubiger (Matthäus 18, 23–34)

Eine riesige Katastrophe: Das Beispiel vom barmherzigen Samariter (Lukas 10, 25–37)

Zum Siegen dabei: Mahnung zur Bescheidenheit (Lukas 14, 7–14)

Volle Einkaufstüten: Das Beispiel vom reichen Mann und vom armen Lazarus (Lukas 16, 19–31)

Eine Menge Ideen: Das Gleichnis vom anvertrauten Geld (Matthäus 25, 14–30)

Knapp verpasst: Das Gleichnis vom bittenden Freund (Lukas 11, 5–13)

Sechs Tage, sieben Nächte: Das Gleichnis von den ungleichen Söhnen (Matthäus 21, 28–31)

Nicht erreichbar: Das Gleichnis vom verlorenen Schaf (Lukas 15, 4–10)

Sigg, Stephan:
Auf mich kannst du zählen! –
12 Gleichnisse aus unserer Zeit
ISBN 978 3 522 30191 6

Umschlaggestaltung: Niklas Schütte unter Verwendung
eines Fotomotivs von istock © interbober
Einbandtypografie: Michael Kimmerle
Innentypografie: Kadja Gericke
Schrift: Candida, Pakenham Free und Info
Satz: KCS GmbH, Buchholz/Hamburg
Reproduktion: immedia 23, Stuttgart
Druck und Bindung: Friedrich Pustet, Regensburg
© 2010 by Gabriel Verlag
(Thienemann Verlag GmbH), Stuttgart/Wien
Printed in Germany. Alle Rechte vorbehalten.
6 5 4 3 2° 10 11 12 13

www.gabriel-verlag.de

Alois Prinz
Wer bin ich –
und was kann ich bewirken?

Mehr als du denkst
208 Seiten
ISBN 978 3 522 30161 9

Alois Prinz erzählt von Menschen, die an ihre Grenzen kamen, sich nicht mehr zufrieden geben wollten mit der bestehenden Situation und sich auf die Suche machten. Von Menschen, die alle auf ihre Weise erlebt haben, dass etwas gänzlich Neues ins Spiel kam. „Wer die Wahrheit sucht, der sucht Gott, ob es ihm klar ist oder nicht", so fasst es Edith Stein zusammen.

Wendepunkte im Leben von: Aurelius Augustinus, Franz von Assisi, Teresa von Avila, Martin Luther, Jesus von Nazareth, Blaise Pascal, Dorothee Sölle, Edith Stein, Elisabeth von Thüringen, Simone Weil

www.gabriel-verlag.de

Christian Nürnberger
porträtiert mutige Menschen

**Mutige Menschen –
für Frieden, Freiheit und Menschenrechte**

256 Seiten, Gebunden
ISBN 978 3 522 30158 9

Die Menschen, die sich einsetzen für Frieden, Freiheit und Menschenrechte, riskieren viel, bringen sich dadurch sogar in Gefahr. Und ob sich ihr Einsatz lohnen wird, wissen sie im Voraus nicht. Aber sie wollen etwas verändern:

Ayaan Hirsi Ali · Peter Benenson · Bärbel Bohley · Bartolomé de Las Casas · Mahatma Gandhi · Martin Luther · Nelson Mandela · Wangari Muta Maathai · Rosa Parks · Anna Politkowskaja · Alice Schwarzer · Bertha von Suttner

**Mutige Menschen –
Widerstand im Dritten Reich**

304 Seiten, Gebunden
ISBN 978 3 522 30166 4

Die Menschen, die Widerstand gegen Hitler leisten, riskieren alles, denn sie können nicht schweigen. Viele bezahlen dafür sogar mit ihrem Leben:

Dietrich Bonhoeffer · Willy Brandt · Georg Elser · Mildred Harnack · Robert Havemann · Fritz Kolbe · Janusz Korczak · Helmuth James Graf von Moltke · Martin Niemöller · Sophie Scholl · Irena Sendler · Claus Schenk Graf von Stauffenberg

www.gabriel-verlag.de